Frank Alper

Du bist Mind

G. Reichel Verlag

© copyright G. Reichel Verlag
Reifenberg 85
91365 Weilersbach
Germany
Tel: 09194-8900, Fax: 09194-4262
e-mail: info@reichel-verlag.de

Übersetzt aus dem Amerikanischen von Margarete Scheipner

Orginaltitel: „Our Existence is Mind"

Umschlag-Gestaltung: Wolfgang Hoffmann

ISBN 3-926388-52-8

Inhaltsverzeichnis

Über den Autor

Dr. Frank Alper ist Amerikaner und Lehrer für spirituelles Bewusstsein, Heiler mit magnetischen Energien und Channel für höhere Dimensionen der Existenz.

In New York geboren und aufgewachsen, folgte er in der Mitte seines Lebens dem inneren Ruf, alle persönlichen und beruflichen Bindungen und Sicherheiten hinter sich zu lassen und den Anweisungen zu folgen, die aus seinem Innersten kamen. Sein Weg führte ihn nach Phoenix, Arizona, wo eine Zeit der Prüfung und Isolation folgte.

In dieser Zeit wurden die Anweisungen immer deutlicher und er bekam Zugang zu höherdimensionalen Lehren und Informationen, die seinem bewussten Verstand bis dahin fremd gewesen waren.

Nach und nach begann er, dieses Wissen einem kleinen, aber immer größer werdenden Kreis von Menschen weiterzugeben, die dafür offen waren. Die aufgestiegenen Meister des alten Atlantis begannen, durch ihn zu sprechen. Sie vermittelten das uralte Wissen der Nutzung von magnetischer Energie mit Hilfe von Kristallen, Farben und Klängen zum Heilen und zur spirituellen Weiterentwicklung. Die uralte hochentwickelte Kultur wurde durch Frank wieder lebendig. Er selbst wurde zum Pionier und Spezialisten in der Anwendung heilmagnetischer Energien und begann, interessierte Menschen, Heiler und Therapeuten in vielen Ländern darin auszubilden. Seine Seminare führten ihn von Amerika nach Kanada, Japan, England, Deutschland, in die Schweiz und nach Österreich. Sein Buch „Erkenntnisse aus Atlantis" wurde in mehrere Sprachen übersetzt und machte ihn international bekannt.

Ergänzend dazu zeigen die besonderen Schwingungen der uralten Heilu ngsklänge jener Zeiten, die "Atlantean Chants" eine Heilwirkung auf alle Lebensformen, auf Menschen, Tiere und Pflanzen.

Franks Zugang zu höherdimensionaler Weisheit verstärkte sich mit den Jahren immer mehr. Er verdeutlicht in seinem Unterricht, dass wir nicht menschliche Wesen sind, die auf dieser Welt eine spirituelle Erfahrung machen, sondern spirituelle Wesen, die hier eine menschliche Erfahrung machen.

Mit seinem Buch „Universelles Gesetz" ist er auch im Bereich spiritueller Philosophie bekannt geworden.

In den nun mehr als zwanzig Jahren seiner Arbeit hat sich sein Zugang zur universellen Existenz immer weiter ausgeweitet und intensiviert. Er sieht gegenwärtig seine vorrangige Aufgabe darin, den Menschen, die zu ihm kommen, Anleitung und Orientierung zu geben für den sich jetzt vollziehenden Übergang in das Bewusstsein der fünften und sechsten Dimension. Die zur Zeit auf der Erde stattfindenden Veränderungen erfordern Reinigung und Heilung auf allen Ebenen.

Wenn Frank Energie überträgt, kann er einzelne und Gruppen die unterschiedlichen Dimensionen unseres Universums erfahren lassen. Viele erleben dadurch ein tiefes Gefühl der Einheit mit der gesamten dimensionalen Existenz. Menschen werden sich der Prozesse bewusst, wie sie sich mit ihrer Seele verbinden und sie integrieren können. Das wird dann zu einer Grundlage für ihre zukünftige Vereinigung mit universellen Energien.

In Einzelsitzungen, Wochenendseminaren und intensiven Trainings gibt Frank sein Wissen und seine Wahrheit weiter. Seine Herzenswärme berührt Menschen, die auf der Suche sind, und die in allen Bereichen des spirituellen Lebens und der Existenz hier auf der Erde wachsen wollen.

Widmung

Dieses Buch ist den Menschen auf der ganzen Welt gewidmet. Ich bin ihnen dankbar, dass sie mir in den vergangenen Jahrzehnten ihre Seelen, ihren Geist und ihren Körper für spirituelle Heilung anvertraut haben.

Nur durch sie konnte dieses Buch geschrieben werden. Als Folge meines Dienstes konnte ich die Prozesse und Techniken entwickeln, die auf den folgenden Seiten beschrieben werden.

Ich empfinde ewige Dankbarkeit für das sogenannte „Universelle Kollektive Bewusstsein", der Quelle allen Wissens. Durch die intuitiven Bewusstseinsbereiche habe ich dieses Wissen empfangen und mir darüber klar werden können.

Schließlich achte und ehre ich meine Seele Adamis für ihre Gegenwart in meinem Leben. Sie hat mich in diesen vielen Jahren des Lebens in bewusster Vereinigung die wahre Bedeutung von Gnade gelehrt.

Vorwort

Die frühen Jahre meines Lebens komponierten eine Symphonie, die für viele Menschen Disharmonie erzeugte.

Als Kind fühlte ich mich anders als andere, ohne zu wissen warum. Ich war schüchtern, in mich gekehrt und allein. Ich konnte mich nicht mit anderen in Bezug setzen, fühlen oder mich ausdrücken. Ich wuchs in meiner eigenen Welt auf, und auch die drei Jahre beim Militär, der Abschluss der Universität und fünfzehn Jahre als Geschäftsmann änderten daran nichts.

Im Alter von neununddreißig Jahren hatte ich das Gefühl, dem physischen Tod nahe zu sein. Ich war nicht krank, ich war niemals in meinem Leben ernsthaft krank gewesen, und dennoch wuchs dieses Gefühl in mir. Ich wusste nichts von „spirituellen Zyklen" im Leben, ich hatte nicht einmal etwas von Meditation gehört. Doch ich wusste einfach, dass ich alles in meinem Leben ändern musste, oder ich würde „sterben".

Ich erlaubte diesem Lebenszyklus zu enden. Ich zog um und damit gab ich mir den Raum und die Möglichkeit, eine neue „Geburt" zu erleben, ein neues Kapitel in meinem Buch des Lebens zu beginnen.

Die Saga meiner spirituellen Entwicklung entfaltete sich, und das dauert seit fünfundzwanzig Jahren an. Sie wird gemäß dem Gesetz des ewigen Wandels und der Evolution nie zu Ende sein.

Ich fing nun an, mit großer Intensität und Leidenschaft spirituelle Konzepte zu erforschen. Nach vierzig Lebensjahren hatte ich endlich etwas entdeckt, das für mich „wirklich" war. Ich verstand allmählich das Leben und die ewige Existenz.

Heute bin ich in einem volleren Ausdruck meines Lebens. Ich bin seit zwanzig Jahren Lehrer, bewusstes Channel und vor allem spiritueller Heiler. Ich liebe es, wenn das Licht in die Augen der Menschen tritt, wenn sie ihren eigenen Wert und Selbstliebe finden. Ich liebe es, den Menschen den Weg zu zeigen, der zur Entdeckung ihrer eigenen Seele führt.

Ich habe dieses Buch so geschrieben, dass es allgemein verständlich ist. Du wirst alle Erklärungen und Beschreibungen logisch und realistisch finden. Wir sind alle gleich. Wir haben alle die gleichen Fähigkeiten und die gleiche Ursprungsquelle ... die Universelle Seele oder den Schöpfer.

Jetzt habe ich vielleicht etwas entdeckt, dessen du dir vielleicht noch nicht bewusst bist: UNSERE EXISTENZ IST MIND[1]

---

1 Zum Begriff „Mind", siehe Einleitung, übernächste Seite

Einleitung

Die uralte Praxis der Energieheilung durch „Handauflegen" begann in dem Augenblick, da Adam und Eva sich berührten und Gedanken, Gefühle und Emotionen entdeckten.

Im Laufe der Zeit entwickelten sich die formalen Religionen und das Heilen mit der „Macht Gottes" wurde ein integraler Bestandteil in der religiösen Praxis.

Heute haben sich metaphysische Überzeugungen zu esoterischen und spirituellen Philosophien entwickelt. Die Kunst des energetischen Heilens hat ein spirituelles Verständnis von Seele angeregt und akzeptierbar gemacht. Wir entdecken, dass wir einzeln stehende Wesenheiten sind, die tief von den bewussten und unbewussten Handlungen des Körpers beeinflusst werden.

Wie lange noch werden wir mit dem Finger der Verantwortung auf jemand anderen zeigen? Wir müssen in den Spiegel sehen, unseren Mund öffnen, mit dem Finger auf uns zeigen und zugeben: „Nur ich bin für mich und mein Leben verantwortlich."

Wenn unsere Existenz „Mind" ist, was ist dann „Mind"? Ist es unser physisches Gehirn, unsere Gedankenmuster und gelernten Erfahrungen? Sind es die reaktiven Prozesse unserer Persönlichkeit oder alles zusammen? Vielleicht enthält unser „Mind" auch unbewusste kollektive Energien, die scheinbar keine Verbindung mit unseren bewussten Verhaltensmustern haben.

Eine definitive Interpretation von „Mind" kann nur zu einer Aussage mit vielen Variablen führen. Für unsere Zwecke hier bezeichne ich „Mind" als die Energie aller kollektiven Existenz, die im einzelnen enthalten ist und ihm bewusst zur Verfügung steht.[2]

Dadurch erschließt sich ein grenzenloses energetisches Wissen und die Kraft seines Ausdrucks. Wenn wir lernen können, diese Energie zu identifizieren, wenn wir ihren Ausdruck erzeugen und lenken können, dann können wir die drei Aspekte unseres Lebens - Körper, Seele und Mind - stark beeinflussen.

Das Wort Heilung bedeutet, dem Körper Energie zur Verfügung zu stellen, damit er eine Störung kurieren kann. Der einzelne muss die Verantwortung dafür tragen und akzeptieren, dass der tatsächliche Gesundungsprozess eine Sache zwischen ihm und Gott ist.

Im gesamten Buch werden Beispiele für „Gesundungs"prozesse und auch anhaltende Krankheit aufgezeigt. Der Zweck dieser Beschreibungen ist, sich die möglichen spirituellen Ursachen von Erkrankungen und ihre Auswirkungen auf das Leben bewusst zu machen.

Dieses Buch und die darin weitergegebene Information haben keine wissenschaftliche Grundlage. Es ist eine Lebens- und Seinsphilosophie. Heilung ist ein vollkommen spiritueller Prozess. Es kann niemals eine Garantie dafür geben, dass jemand von seiner Krankheit "kuriert" wird.

Das Buch enthält keine weiterführende Literatur oder Bibliographie. Alle Information ist mir durch die intuitiven Prozesse meines Minds bewusst geworden. Es gibt keine letztendlichen Aussagen. Alles ist beeinflusst und ausgedrückt durch die variablen Faktoren von Wahlmöglichkeiten, auf die man im Laufe des Lebens trifft.

---

2 Anmerkung der Übersetzerin: Da es für "Mind" (sprich: Maind) kein angemessenes deutsches Wort gibt, werden wir den englischen Ausdruck beibehalten. Am nächsten käme noch die Bezeichnung "mentales Bewusstsein".

Ich heiße dich in deinem Mind und in der Welt des Heilens willkommen. Begleite mich auf der Erkundung der bewussten und unbewussten Anteile des Lebens und beginne den Prozess, sie in einen vollkommenen Ausdruck zu integrieren.

Ich führe mein Leben im Dienste aller, die nach ihrer inneren Wahrheit suchen. Es ist mein Ziel, die Menschen darin zu unterstützen, die ewige Schönheit ihrer Seele zu entdecken und ein Leben in Gesundheit und Freude zu führen.

Seele und Mind

Fast alle Schriften berichten uns, dass wir im „Ebenbild Gottes" erschaffen sind. Welches Ebenbild? Mann, Frau, weiß, schwarz, gelb oder rot?

Vielleicht können wir in Betracht ziehen, dass Gott eine Seele ist, so groß und weit wie nur irgend vorstellbar und deren Energieessenz die Weiten des Universums durchdringt. Jeder muss das für sich entscheiden und entsprechend leben. Ganz gleich, welche Konzepte du hast, sie dienen dir auf deinem Weg zur letztendlichen Wahrheit deiner Seele.

Als ich noch ein kleines Kind war, starb ein Onkel von mir. Nach dem Begräbnis fragte ich meine Eltern: „Was geschieht jetzt mit ihm?" Sie sagten mir, dass seine Seele in den Himmel zu Gott gehe. Ich akzeptierte die Antwort, doch tief in mir drinnen verstand ich es nicht. Ich konnte mir nicht wirklich vorstellen, was sie meinten.

Wie ist es mit dir? Denkst du je an deine Seele oder bist du einfach zu sehr mit dem Leben beschäftigt? Ist die Seele etwas, dem wir ein Etikett geben, das wir kategorisiert und weggelegt haben, damit wir diese Vorstellung nicht genauer erforschen müssen?

Öffnen wir doch unseren Geist und gehen dem nach.

Das Universelle Gesetz besagt: „Wie oben, so unten. Wie unten, so oben." Wenn man das interpretiert so bedeutet es, dass sich die Existenz oder Geschichte immer wiederholt. Was immer in einer Dimension geschieht, geschieht ebenso in allen Dimensionen darüber und darunter.

In unserer Existenz auf der Erde befruchtet ein Spermium ein Ei, und Leben entsteht. Diese Vereinigung beginnt, sich von ihrem

„Universum", der Mutter, zu nähren. Die Zellen teilen und vermehren sich, und wenn die Zeit reif ist, gebiert das „Mutter-Universum" ein Kind.

Wir bewegen uns von „unten nach oben". Ich glaube, dass bei der Erschaffung einer Seele durch Gott eine Vereinigung zwischen der Essenz Gottes und einer einzelnen Energiezelle der Universellen Masse, namens Zentralsonne, stattfindet.

Diese Zellvereinigung beginnt den Nährungsprozess vom Mutter/Vater-Gott ebenso wie der Fötus in der Gebärmutter. Wenn diese aktivierte Zellstruktur die erforderliche Energiefrequenz für das Dasein erreicht hat, ist eine Seele entstanden.

Unterscheiden sich unsere Seelen, menschliche Seelen, von all den anderen Ausdrücken und Seelenebenen auf der Erde? Ich glaube schon. Nach fünfundzwanzig Jahren, in denen ich mit den Energien des Seelenausdrucks vieler Menschen zu tun hatte, bin ich zu dieser Schlussfolgerung gelangt.

Durch meine Erfahrung habe ich das Verständnis erreicht, dass die „menschliche" Seele die Energien der Existenz enthält, die es ihr ermöglichen, bewusste verbale Intelligenz auszudrücken. Sie besitzt auch die Fähigkeit des logischen Verstandes, indem sie verstandesmäßige Entscheidungen trifft, die sich auf vergangene Erfahrungen gründen.

Diese Fähigkeit geht zurück bis ins vorgeburtliche Leben und zu den Reaktionen des Fötus während seiner Entwicklung.

In unserem physischen Körper haben wir drei Bewusstseins-ebenen. Sie sind eigenständige, getrennte Ebenen oder Aspekte des Ausdrucks von Bewusstsein.

1. Die Seele oder der Ausdruck universeller Wahrheit. Dies wird oft als „höheres" Bewusstsein bezeichnet.

2. Die Persönlichkeit. Sie setzt sich aus dem Ego, bewusstem Ausdruck der Erfahrung, Konditionierung und Wissen zusammen.

3. Das Unterbewusstsein oder reaktiver Erinnerungsspeicher und Reaktionszentrum des Minds und des Körpers.

Die Seele

Die Seele oder das höhere Bewusstsein drückt sich durch Energieimpulse aus, die an jenen Teil des Gehirns geleitet werden, dem bewusste Gedanken oder Eindrücke zugeordnet sind. Durch diesen Prozess kann die Seele der Persönlichkeit subtil mitteilen, welche Handlungen und Ausdrücke dem Zweck und den Zielen der Seele für das gegenwärtige Leben entsprechen.

Dieser Prozess erfolgt oft durch folgende Eindrücke:

a. Gedanken
b. Sinneseindrücke
c. Träume
d. Spontane Ideen
e. Visionen
f. Fantasien

Diese Prozesse fließen ständig durch den Mind. Wir beachten sie nicht und schenken unseren eigenen Gedanken und Gefühlen keine Aufmerksamkeit. Wir suchen eher die Meinung und den Rat anderer als in das Unbekannte und in neue Handlungsweisen vorzudringen.

Deine Seele ist hier, um sich zu entwickeln und anderen zu dienen. Diese Prozesse sind die einzigen Mittel, durch die deine Seele mit dir kommunizieren und dir ihren Plan für dein Leben mitteilen kann.

Stellen wir einmal eine Überlegung an. Menschliche Wesen sind in Vollkommenheit erschaffen. Betrachten wir doch nur die Ergebnisse einer Vereinigung eines Spermiums und eines Eis. Gott ist wahrlich wundersam! Dies kann einige Fragen aufwerfen. Warum sollte Gott in dieser großartigen Schöpfung von Billionen von Zellen ein Gehirn erschaffen, welches zu 80 Prozent brach liegt? Warum verwenden wir bloß ein Drittel der Zapfen und Stäbchen in unseren Augen, um visuell wahrzunehmen?

Fallbeispiel 1
Vor vielen Jahren kam ein 28jähriger Mann zu mir. Er war von Geburt an zu 98 Prozent blind, doch er konnte dennoch erfolgreich einen Zeitschriftenstand betreiben. Er wollte mehr über Energie und Heilung erfahren. Im Laufe des Unterrichts lehrte ich ihn, die brach liegenden Energiezentren in seinem Gehirn zu aktivieren. Diese Zentren begannen, die entsprechenden Zapfen und Stäbchen seiner Augen zu stimulieren.

Innerhalb eines Monats konnte dieser Mann „sehen". Nicht so, wie du und ich sehen, doch er konnte Farbe, Energiemuster und Visionen mit geschlossenen Augen und blind wahrnehmen. Er entwickelte die Fähigkeit, mental Energie zu jemandem zu projizieren und die Körperorgane der Person zu „sehen". Dadurch konnte er den Menschen ihren Gesundheitszustand verbal schildern.

Mit der Zeit konnte er Menschen durch ihre Schwingungen erkennen, indem er die Energien unterscheiden lernte.

Fallbeispiel 2
Im Jahre 1978 war ich in San Francisco. Ein Mann brachte seine an den Rollstuhl gefesselte Frau zu mir. Sie hatte einen Verkehrsunfall gehabt. Verletzungen an der Wirbelsäule lähmten ihre Beine und den Körper. Die Frau war viele Jahre

Energieheilerin gewesen. Durch den Unfall waren in ihrer Wirbelsäule ernsthafte Energieblockaden entstanden, und sie konnte die Heilungsenergie nicht mehr steuern und verteilen.

Ich sagte ihr, dass ich versuchen wolle, einen neuen Energiemeridian außerhalb ihrer Wirbelsäule zu erzeugen, der sich mit Energieeintrittspunkten auf ihren Schultern verband. Sollte das gelingen, dann würde sie wieder andere heilen können.

Der Prozess der Gehirnaktivierung und der mentalen Kontrolle dauerte drei Monate, bis messbare Ergebnisse auftraten. Nach sechs Monaten hatte ihr intensiver Wunsch und ihr Durchhaltevermögen das entsprechende Ergebnis gebracht. Sie kann nun ihr Energiesystem vollkommen steuern und hat ihre Heilpraxis wieder aufgenommen.

Wie sind diese sogenannten „Wunder" geschehen? Ich betrachte sie nicht als Wunder. Für mich waren sie das Ergebnis der systematischen Aktivierung von vorher brach liegenden Gehirnzellen ... UNSERE EXISTENZ IST MIND.

Die Persönlichkeit

Die Persönlichkeit oder das Ego ist der aktive Ausdrucks-mechanismus von Gedanken, Entscheidungen und Handlungen, die Wahrheit oder Lüge erzeugen und den Rahmen für Reaktionen bieten.

Meistens ignorieren wir die subtilen Botschaften unserer Seele. Wir gründen den Großteil unserer bewussten Handlungen auf rein emotionale Reaktionen. Nur selten halten wir inne und versuchen zu „fühlen", ob eine beabsichtigte Handlung unsere Wahrheit und echt für uns ist. Wir tauchen ständig in die Höhen und Tiefen der emotionalen Energie. Oft genießen wir die „Achterbahn" der Unentschlossenheit und Unsicherheit.

Wie oft fragst du dich:
* Warum habe ich nicht auf meine „innere Stimme" gehört?
* Warum habe ich nicht getan, was ich eigentlich wollte statt jemand anderen um Rat zu fragen?
* Wann werde ich lernen, was das Beste für mich ist?
* Warum vertraue ich meinen eigenen Gedanken nicht?

Wie oft hast du schon gesagt:
* Ich ging mit diesem ungelösten Problem schlafen, und als ich aufwachte, hatte ich die Antwort darauf.
* In der Nacht kam mir im Traum diese großartige Idee.
* Schau dir das an, ist es nicht toll? Ich weiß nicht, woher es kommt, es ist mir einfach eingefallen.
* Frag mich nicht warum, ich weiß es einfach.
* Das ist es, was ich tun muss.
* Dorthin muss ich ziehen.
* Ich muss diese Person anrufen.
* Ich muss dieses Buch einfach lesen.
* Ich fühle einfach, dass ich dich kenne.

Jeder dieser Gedanken oder Feststellungen sollten dir die Gegenwart deines höheren Bewusstseins oder deiner Seele bewusst machen. Wenn du anfängst, diese subtilen Botschaften allmählich anzuerkennen, wird die Verbindung und Bewusstheit stärker werden und es wird häufiger geschehen.

Eine der Hauptfunktionen des Ego-Minds besteht darin, drei Bereiche von emotionalen Anreizen zu unterscheiden und auszuführen. Es handelt sich dabei um Wunsch, Wollen und Bedürfnis.

Wunsch
Ein Wunsch kann definiert werden als eine rein emotionale Reaktion auf eine noch nicht erfahrene oder erlebte Person, Situation, einen Ausdruck oder ein Ding.

Wollen

Das Wollen wird erzeugt, indem man wiederholt einem Wunsch ausgesetzt ist, der eine positive emotionale Reaktion hervorgerufen hat.

Bedürfnis

Ein Bedürfnis wird festgelegt, indem man das „Wollen" untersucht und es als notwendigen Erwerb für den Lebensausdruck definiert.

Zum Beispiel:

Eines Morgens gehst du aus dem Haus und siehst ein funkelnagelneues Auto nebenan geparkt. Deine Reaktion könnte sein: „Welch tolles Auto, ich hätte auch gerne so eines."

Somit hast du gerade einen Wunsch ausgedrückt. Du hattest keine vergangenen Erfahrungen mit dem Auto, bloß eine erste visuelle Wahrnehmung.

Jeden Tag wenn du aus dem Haus gehst, siehst du das Auto. Schließlich beeinflusst, und als Ergebnis von wiederholten positiven emotionalen Reaktionen sagst du: „Ich will das Auto."

Das ist eine gültige Reaktion auf diese Situation. Du bist dem Wunsch ständig und wiederholt ausgesetzt gewesen, und er hat dich nicht verlassen. Du hast tatsächlich eine positive konditionierte Reaktion auf das Auto.

Was wäre geschehen, wenn du überreagiert und gesagt hättest: „Ich brauche das Auto"? In dem Fall hättest du ein nicht angemessenes Bedürfnis ausgedrückt und dich in ernsthafte Komplikationen bringen können.

Was ist, wenn der Preis des Autos deine Mittel übersteigt? Das würde eine Situation des Versagens und Unwertseins erzeugen.

Was ist in diesem Beispiel das gültige und angemessene Bedürfnis? Das gültige Bedürfnis ist Transport. Alles darüber

Hinausgehende muss in der Kategorie von „Wollen" oder „Wunsch" bleiben. Wenn in so einem Fall etwas zu teuer ist oder es deine Mittel übersteigt, wirst du dich nicht in die reaktiven Energien von Versagen und Unwert verstricken.

Wenn wir etwas, das wir wollen, nicht bekommen können, dann mögen wir Trauer oder Enttäuschung erfahren, doch nicht ein Versagen, und es wird nicht im Unterbewusstsein gespeichert. Es wird eine rein bewusste, emotionale Reaktion bleiben.

Es ist sehr wichtig, das zu verstehen. Jedes Mal, wenn wir ein gültiges „Bedürfnis" nicht erfüllen, werden wir versagens-orientiert. Dies sollte nicht geschehen, wenn das Bedürfnis nicht gültig oder angemessen ist.

Wenn wir daran denken, dass sich alles ständig in Veränderung befindet, entwickeln wir keine Erwartungen. Wir bleiben offen für das Auftreten neuer Bedürfnisse, neuer Wünsche und neuer Dinge, die wir wollen. Dadurch können wir Situationen des Aufopferns vermeiden und die volle Flexibilität des Lebens ausdrücken.

Das Unterbewusstsein

Das Unterbewusstsein oder das reaktive System ist das "Computer"-Speichersystem für deinen Körper und Mind. Hier werden alle Reaktionsimpulse festgehalten, die von jedem Gedanken, jeder Feststellung und Handlung des „Persön-lichkeits-Minds" erzeugt werden.

* Abneigungen und Vorlieben   * Liebe und Hass
* Freuden und Sorgen   * Erfolg und Versagen
* Wert- und Unwertsein   * Glück und Traurigkeit
* Verurteilung und Akzeptanz   * Gnade und Erwartungen

Dies sind emotionale Reaktionen für von dir ausgehende Handlungen, ganz gleich ob du sie ausführst oder nicht. Das Unterbewusstsein sendet die reaktive Energie aus, die dann auf die Zellstruktur des Körpers übertragen wird und die „Wahrheits"-Reaktion auf die entsprechende Handlung bestimmt.

Zum Beispiel: Wenn du von einer Schlange gebissen wirst und mit Angst reagierst, dann wird folgende Wahrheit gespeichert: „Ich fürchte mich vor Schlangen, Schlangen beißen."

Wir fokussieren uns hauptsächlich auf die körperlichen, emotionalen und mentalen Auswirkungen, welche das Ergebnis von bewussten Aussagen sind und im unterbewussten Computer als negativ oder Ausdruck des Unwertseins gespeichert werden.

Das Unterbewusstsein unterscheidet nicht zwischen dem, was wir „Wahrheit oder Lüge" nennen. Seine Rolle besteht einfach darin, deine Feststellungen von Gedanken, Gefühlen und Reaktionen zu speichern. Dies führt zu unseren vorgefassten Reaktionen auf Menschen, Dinge und Situationen, die sich auf vergangene Erfahrungen unter ähnlichen Umständen gründen.

Durch das Unterbewusstsein können wir anfangen, die alten Muster von konditionierten Reaktionen zu verändern, welche nicht mehr zur Erfüllung unseres Lebens beitragen.

UNSERE EXISTENZ IST MIND. Die Energiemuster, die wir mit unserem Mind erschaffen können, werden zu Wahrheit des Unterbewusstseins und die „neuen" physischen, mentalen oder emotionalen Ausdrücke.

Beispiel:

Eine Mutter, deren Kind ihre Erwartungen nicht erfüllt hat und Drogen nimmt oder zu Alkohol greift, gibt sich oft selbst die Schuld für die Situation. Sie sagt sich vielleicht: „Es muss meine Schuld sein. Ich war keine gute Mutter." Wenn sie diese Feststellung im Mind immer wieder verstärkt, wird das ihre unterbewusste Wahrheit werden. Wenn das geschieht, dann kann ihr Körper anfangen, die tatsächlichen physischen Zustände zu erzeugen, um diese Mind-Festellung Wahrheit werden zu lassen. Ihr Körper könnte beginnen, sich in den zugeordneten Bereichen zu verändern. Sehr oft geschieht das in solchen Fällen in der Brust oder im Unterleib, jenen Körperteilen, die mit Mutterschaft und Frausein zu tun haben.

Wenn der Mind feststellt, dass sie unwert sind und verurteilt werden, kann der Körper beginnen, sie zu zerstören. In diesen Bereichen könnte sich Brust- oder Vaginalkrebs manifestieren.

Fallbeispiel:

Eine reife Mutter von drei Kindern fragte mich, warum sich in ihrer linken Handfläche immer wieder kleine Tumore entwickelten. Sie hatte bereits sieben Operationsnarben an der Hand.

Während der Beratung gingen wir zurück in ihre Kindheit, in die Zeit, da sie sechs Jahre alt war. Sie fing an, hysterisch zu weinen und bezeichnete ihre linke Hand als „eine böse Hand, die von Mama bestraft wurde". Wir brachten sie zurück in die Gegenwart, beruhigten sie und baten sie, den Vorfall genau zu schildern, den sie dreißig Jahre lang aus ihrem Bewusstsein verdrängt hatte.

Sie erinnerte sich an folgende Situation: „Ich war sechs Jahre alt, meine Mutter sah, wie ich meine Geschlechtsorgane berührte. Sie schrie mich an. Sie beschimpfte mich, nahm meine linke Hand und hielt sie über den Gasofen, um all das Böse in mir wegzubrennen."

Nun verstanden wir langsam den Zustand. Dreißig Jahre lang war das Unterbewusstsein programmiert worden: „Unsere linke Hand ist sehr böse, schlimm und nichts wert." Diese vom Mind verstärkte Feststellung erzeugte verzerrte Energiemuster, welche zu Tumoren in der linken Hand führten. Die Hand wurde systematisch zerstört, Operation nach Operation, Narbe nach Narbe.

Das Programm wurde nun verneint und einige Monate später hatte die Hand angefangen, sich selbst zu heilen. Der Input des Mind an das Unterbewusstsein war eliminiert und durch positive Affirmationen ersetzt worden.

Sie fing an, ihrer linke Hand zu „lieben". Sie kümmerte sich um sie. Sie erkannte ihre Gegenwart und ihren Wert für ihr Leben an, und sie fing letztendlich an, die linke Hand konstruktiv zu verwenden.

Andere Bereiche und Teile unseres Körpers drücken zahlreiche Zustände aus, die durch Reaktionen des Unterbewusstseins erzeugt werden.

Zum Beispiel: Probleme im linken Bein deuten auf eine Unsicherheit im Ausdruck hin. Die Wiederholung vergangener Handlungen schafft sicheren Raum für uns, man „kennt" die Ergebnisse wiederholter Handlungen. Viele Menschen möchten an einem Ort verankert bleiben. Auf diese Weise können sie sicher sein, ohne ein Risiko eingehen zu müssen.

Die Kehle und der Hals werden als das „vokale Ausdruckszentrum aller Aspekte unseres persönlichen Ausdrucks" genannt.

Zum Beispiel:

* Worte bleiben einem im Hals „stecken"
* „Bevor ich etwas sage, das andere verletzen könnte, sage ich lieber gar nichts."
* „Ich sage lieber nicht, wie ich mich wirklich fühle. Ich möchte um jeden Preis Frieden halten."
* „Wenn ich etwas dazu sage, wird man mich nur auslachen."
* „Manchmal lüge ich, nur damit man mich mag und akzeptiert."

* „Ich leide lieber im stillen als mich den Folgen einer unbekannten Reaktion zu stellen."

Jeder Mensch hält Gedanken in seinem Mind verschlossen. Dort sind sie „sicher". Solange wir sie nicht ausdrücken, können wir so tun, als existierten sie nicht. Alle sagen: „Vielleicht verschwinden sie nach einiger Zeit." Was bewirkt dieses Unterdrücken in uns? Hilft es wirklich, ruhig zu bleiben?

Wenn die Wahrheit unterdrückt wird, kann im Energiekreislauf des Körpers eine Blockade auftreten. Dies könnte einen oder mehrere der folgenden Zustände hervorrufen:

* Ein Gefühl, dass du ständig einen Kloß im Hals hast und dich ständig räuspern möchtest.
* Halspolypen
* Ständige Anfälligkeit für Halsweh oder Heiserkeit
* Kehlkopfkrebs, hervorgerufen durch die stille Feststellung:

„Ich spreche meine Wahrheit nicht aus. Ich sage das, was andere hören wollen und opfere meine Wahrheit dafür. Meine Kehle ist es nicht wert, meine Wahrheit auszudrücken."

Unsere Existenz ist das Programmieren unseres Mind!

Vom Augenblick der Zeugung an beginnen sich die Muster der unterbewussten Reaktion zu formulieren und im unterbewussten „Computer" gespeichert zu werden. Vielleicht fragst du dich:

* Wurde ich absichtlich oder zufällig gezeugt?
* Wurde ich in Liebe oder Wut gezeugt?
* Wurde ich aus einem Wunsch, einem Wollen oder einem Bedürfnis heraus gezeugt?
* Blieb ich nach der Geburt bei meiner Mutter oder wurde ich isoliert?
* Kam ich zu früh oder zu spät auf die Welt?
* War ich bei meiner Geburt in der Steißlage oder kam ich mit Hilfe von Geburtszangen auf die Welt?

Man kann so viele Fragen stellen, und jede hat mit den tatsächlichen Umständen und den Reaktionen deines unterbewussten Minds zu tun. Mit jeder Reaktion entsteht in deinen reaktiven Mechanismen ein Energiemuster, welches dein bewusstes Verhalten subtil lenkt.

Als Kind hat man dir vielleicht gesagt:
* Aus dir wird nie etwas werden.
* Kinder sollen zuhören und nichts sagen.
* Jungs umarmen oder küssen niemals Männer. Sie geben sich nur die Hand.
* Mädchen sollten bei Männern immer vorsichtig sein.
* Berühre dich ja nie selbst. Gott wird dich dafür strafen.
* Sex ist schmutzig und böse.
* Du bist hässlich. Niemand wird dich je haben wollen.
* Warum bist du nicht wie dein Bruder/deine Schwester?
* Ich wollte einen Jungen und nicht ein Mädchen/ein Mädchen und nicht einen Jungen.

Hast du als Kind jemals folgendes erfahren?
* Nicht genug Liebe
* Abweisung deiner Versuche, zärtlich zu sein
* Verlassenwerden
* Physischen, mentalen oder emotionalen Missbrauch
* Mangelnde Anerkennung für deine Leistungen

All die angeführten Aussagen tragen zur Programmierung des unterbewussten automatischen Reaktionssystems bei.

Niemandem ist das erspart geblieben. Jeder kann mindestens ein paar der aufgezählten Aussagen für sich wiedererkennen. Wir alle sind die „Opfer" einer Form von fehlgeleiteten Verhaltensmustern, entweder vor oder nach der Geburt.

Meistens sind wir uns dieser Zustände oder ihrer Ursachen gar nicht bewusst. Wir haben sie vor langer Zeit aus unserem Gedächtnis verbannt. Was bleibt, sind die automatischen unbewussten Reaktionen, die diese Programmierung verstärken und uns ständig davon abhalten, unser Leben voll und freudig zu leben.

Denke daran, dass jede Aussage deines bewussten Minds einen unterbewussten Reaktionszustand erzeugt, der den „Mindgedanken" immer zur Wahrheit und nie zur Lüge macht. Bei diesen Gegebenheiten im Leben brauchen wir eine Methode, die hilft, diese tiefsitzenden Muster mit der neuen Wahrheit, die wir in unserem Leben wollen und brauchen, zu ersetzen.

Menschen Unrecht geben

Für ein kleines Kind sind Mama und Papa Götter. Sie kümmern sich um das Kind und sind die ersten Menschen, die ihm gegenüber Liebe ausdrücken. Deshalb wird das Kind, ganz gleich was nicht in Ordnung war, immer annehmen, dass es „meine Schuld ist". Sogar wenn das Kind sexuell missbraucht wurde, wird es sich selbst die Schuld dafür geben. Schließlich sind Mama und Papa doch Götter.

Eines der wirksamsten Werkzeuge in der Beratung besteht darin, die Person sagen zu lassen: „Mama oder Papa hatten Unrecht. Sie haben einen Fehler gemacht." Mit diesen Worten fängt der einzelne an, sich von Selbstverurteilung und Bestrafung zu befreien. Solange sich jemand selbst die Schuld gibt, ist der Heilungsprozess äußerst schwierig.

Wenn du also den Menschen erlauben kannst, menschlich zu sein und Fehler zu machen, dann kannst du:

* All deine Kraft und Macht wieder an dich nehmen. Du musst nicht mehr unterbewusst ständig Dinge tun, die dir nicht entsprechen, nur damit die anderen Recht haben.
* Zu anderen sagen: „Ich liebe dich, aber ich bin nicht du. Ich bin ich."

* Sagen, dass deine Wahrheit nicht die gleiche wie ihre Wahrheit sein muss.
* Sagen, dass die Tatsache, dass du nicht einer Meinung mit ihnen bist, nicht heißt, dass du sie nicht liebst.
* Zugeben, dass du missbraucht wurdest.
* Dir selbst eingestehen, dass du ungewollt, abgelehnt und nie verstanden wurdest, sowie dich nie ausdrücken durftest.

Um eine Veränderung herbeizuführen musst du für dich zugeben und akzeptieren, dass was immer mit dir passierte, wirklich war. Es war keine Illusion. Ohne dieses Eingeständnis belügst du dich weiter, und jede Veränderung geschieht nur verbal und bleibt in deinen reaktiven Systemen wirkungslos. Wenn du das Eingeständnis machst, dann musst du feststellen: „Ich akzeptiere, dass alles, was mir geschehen ist, echt war. Ich habe für diese Dinge in meinem Leben jetzt keinen Bedarf mehr."

Durch diese Aussage des Erlaubens können Menschen automatisch Unrecht haben. Du brauchst niemanden zu konfrontieren. Du brauchst nicht zu toben und zu schreien oder dich in einen emotionalen Wutausbruch zu begeben. Die Feststellung wird dich befreien und dir erlauben, deine persönliche Macht wieder an dich zu nehmen und die totale Kontrolle über dein Leben zu erlangen.

Die nächste Handlung besteht darin, die Neuprogrammierung des unterbewussten „Computers" in Angriff zu nehmen. Wir tun dies durch Ersetzungstechniken und nicht durch Methoden des Rauslassens. Rauslassen bedeutet, „etwas aus dir herauslassen". Könntest du das tun, so würdest du eine Leere in dir schaffen, einen leeren Raum, der Unsicherheit erzeugen könnte. Etwas wird an die leere Stelle kommen, und du weißt nicht, was das sein wird. Der Prozess des Rauslassens kann Widerstand erzeugen und Veränderungen behindern.

Wenn wir von Rauslassen sprechen, dann verstehen wir es so, dass es den Körper verlässt. Das ist eine falsche Vorstellung. Der wahre Prozess des Rauslassens beinhaltet, dass ein aktives Muster passiv gemacht wird. Durch diesen Prozess dient das Muster nur noch als Erinnerung bei künftigen Entscheidungen und als Weisheit.

Energie ist ewig. Das heißt, das jedes Muster dir dein ganzes Leben lang erhalten bleibt. Der Schlüssel ist die Wahlmöglichkeit, welchen Ausdruck du als aktiven Teil deines Lebens haben möchtest.

Die Technik des Ersetzens besteht darin, deinen „Computer-Mind" bewusst neu zu programmieren. Wenn du eine Liste all der „unrechten" Dinge, die dir auferlegt wurden, zusammengestellt hast, dann mache eine Liste, wie du dein Leben haben möchtest. Fange dann an, so zu handeln, als ob du bereits die „neue Person" wärst.

Setze dir kurzfristige Ziele. Mache sie leicht erreichbar und fange an, deine neuen Erfolge zu erleben und zu erfahren. Nach kurzer Zeit wirst du die alten Muster „wegdrängen" und eine neue „Wahrheit" wird sie in deinem Unterbewusstsein ersetzen. Auf diese Weise findet Veränderung angstfrei statt. Du wirst zurückblicken und lächeln können und dich fragen, was mit dem „alten Ich" geschehen ist.

Es könnte allerdings ein Problem auftreten. Niemand möchte seinen Eltern Unrecht geben. Wir sind nicht so erzogen. Wir wissen, dass wenn wir von ihnen geliebt werden wollen, niemals widersprechen dürfen, und ihre Worte müssen für uns „Gesetz" sein.

Jetzt hast du jedoch ein Alter und eine Ebene von Intelligenz erreicht, da du schließlich allein für deine Handlungen verantwortlich sein kannst. Du weißt jetzt, dass jeder einmal Fehler macht, sogar deine Eltern. Niemand ist perfekt. Niemand.

Mindausdruck

Der Großteil der Menschen führt ihr tägliches Leben, indem sie Mind und Körper trennen. Wie oft versuchst du wirklich zu „fühlen", was sich in deinem Körper abspielt?

Um statt der Trennung eine Einheit zu erreichen, befolge ab und zu folgende Richtlinien:

1. Bevor du eine Mahlzeit planst, gehe mit deinem Mind still in deinen Körper hinunter und spüre, was er gerade braucht.
2. Bevor du eine Entscheidung triffst, bewege deinen Mind in deinen Solarplexus und fühle, ob die Entscheidung innerlich stimmt oder ob sie ein ungutes Gefühl erzeugt.
3. Bevor du „ja" zu irgendeinem Vorschlag sagst, schließe die Augen und frage dich: „Stimmt diese Handlung mit der Wahrheit meiner Seele überein oder ist es ein emotionaler Wunsch?"
4. Lege dich einmal pro Woche zehn Minuten lang ruhig hin. Atme tief durch den Mund und bewege deinen Mind bewusst in deinen Körper hinunter. Fange an, alle emotionalen reaktiven Zentren zu erforschen und fühle, was dort „feststeckt". Diese Zentren sind die Genitalien, der Magen, die Brüste, das Herz, die Knie und die Oberschenkel. Indem du das tust, wirst du die Energien von Wut, Angst, Versagen und Ärger spüren, die sich dort im Laufe der Woche angesammelt haben. Wenn du sie identifiziert hast, kannst du sie von deinem Mind aus ersetzen und frei werden.

Unser Körper ist das Werkzeug für den Ausdruck unserer Seele. Unser Mind muss sich der Zustände in unserem Körper bewusst sein, damit wir in unserem Leben gesund und freudvoll sein können. Wenn das nicht so ist, kann es zu Fehlfunktionen kommen und wir können anfällig für Krankheiten werden. Jedes Organ, all die sogenannten Bereiche der „Eitelkeit" im Ausdruck, und jede Zelle deines Körpers sind von deiner Einstellung deinem Körper gegenüber betroffen.

Affirmiere: „Mein Körper ist der Tempel meiner Seele. Ich achte und ehre jedes Organ in meinem Körper als eine wertvolle Schöpfung Gottes."

Sagst du jemals zu dir:

* Ich hasse meinen Körper.
* Ich hätte gerne größere/kleinere Brüste.
* Ich möchte gerne zehn Kilo von meinen Oberschenkeln wegschneiden.
* Meine Nase ist zu groß/klein.
* Ich bin wirklich hässlich.
* Ich hätte gerne Haare auf der Brust.
* Ich hasse meine Sommersprossen. Ich hab sie von meinen Eltern geerbt.
* Ich hasse sexuelle Aktivität.

Solange wir mit unserem Mind unseren bewussten Gedankenmustern anhaften, können wir weiterhin die „echte" Wahrheit vermeiden. Wir können es rational erklären, begründen und so tun als ob. In dem Augenblick, da wir die mentale Bewusstheit in den physischen Körper hinunterbewegen, können wir uns von den Gedanken befreien. Dadurch kann der Mind dann die Energiereaktionen in den Chakras und den Körperorganen spüren und fühlen.

Unsere Wahrheit liegt in den Organen und Chakras. Alle reaktiven Muster speichern sich dort und werden langsam zu Samen von falschem und fehlgeleitetem Verhalten. Um ein Reaktionsmuster verändern zu können, muss man sich erst einmal eingestehen, dass es vorhanden ist. Das heißt nicht, dass man leiden und emotionalen Schmerz oder Pein ertragen muss. Der Schlüssel besteht darin, die Anwesenheit von Schmerz oder Pein zu identifizieren und anzuerkennen.

Wenn das geschehen ist, dann kann man beginnen, die in den Kapiteln über Heilung beschriebenen Techniken des Ersetzens zu verwenden, um das reaktive System dauerhaft neu zu programmieren.

Die medizinische Wissenschaft hat erforscht, dass sich der Mind ungeachtet des Alters in seiner Kraft, Konzentration und seinen Fokus weiter ausdehnen kann. Die Aussage, dass der Mind mit dem Alter schwächer wird, ist nicht glaubwürdig. Du bist der Ausdruck deines Minds!

Channeling von C.G. Jung

Teil I

Wir sind Evoran, die Seele jenes, der als Carl Jung auf eurem Planeten lebte. Wir möchten zu dir sprechen, um dir ein Konzept ins Bewusstsein zu bringen, welches dich von den zerstörerischen psychologischen Mustern der Gesellschaft befreien kann. Als wir physisch auf eurem Planeten lebten, waren wir in voller Bewusstheit und im Bewusstsein unserer Seele. Als wir versuchten, diese Wahrheit an die Menschen weiterzugeben, wurden wir von unseren Zeitgenossen und der Medizin wiederholt abgelehnt. Daher haben wir beschlossen, dass wir aus unserem wahren Ausdruck in der geistigen Welt den Menschen besser dienen können. Wir haben keine Pläne, wieder auf eurem Planeten zu leben, außer es treten außergewöhnliche Umstände auf. In der traditionellen psychiatrischen und psychologischen Therapie erkennt man langsam, dass dauerhafte Wirkungen nur sehr schwer zu erreichen sind. Jene, die in ihrer Integrität bleiben, erforschen sogenannte alternative Methoden, welche sich mit der Zellstruktur und den Seelenmustern von Energiereaktion auseinandersetzen.

Wenn ihr euch umblickt, dann merken jene, die ihren Dienst als Berater ausüben, wie schwierig es für zwei Menschen ist, eine nährende Beziehung zu erschaffen und aufrecht zu halten. Dies ist unser Thema für heute.

Indem man sich immer mehr spirituell entfaltet, treten Energiemuster aus der Seele ins Bewusstsein, die Wahrheit und das Wissen deiner Seele. Plötzlich allerdings, scheint dein emotionaler Ausdruck nicht mehr so wahrhaftig wie vorher zu sein. Er scheint sich etwas verändert zu haben. Und genau das ist der Schlüssel für die Zukunft.

Von den vielen karmischen Erfahrungsmustern des Lebens ist das des emotionalen Ausdrucks am schwierigsten zu verstehen, denn hier liegen die ursächlichen Faktoren des inneren Durcheinanders, jene reaktiven Muster, die bei den Menschen Krankheiten und psychische Unsicherheit erzeugen.

Daher werden wir heute Worte an dich richten, welche du mit dir und in dir abzuwägen und zu bedenken hast.

Ich kann dir nicht sagen, wann es genau sein wird, doch es wird wirklich die Zeit kommen, da sich die emotionalen Muster von Beziehungen auf eurem Planeten verändern werden. Dann wird die emotionale Reaktion der Menschen sozusagen den zweiten Platz hinter der Reinheit der Energiereaktion der Seele einnehmen. Die festgelegte Situation zweier Menschen zusammen wird ganz langsam verschwinden, denn ihre Schwingung wird die Beziehung einschränken. Das hat nichts mit dem moralischen Zustand oder der Gesellschaftsstruktur zu tun, sondern betrifft die Wahrheit der universellen Seele und das Bewusstsein. Die sensitiven Energien, die ihr in eurem neuen Jahrtausend einsetzen werdet, erfordern eine endgültige und vollkommene Verträglichkeit mit euren emotionalen Mustern. Wenn jemand eine emotionale Beziehung eingeht, dann sucht er meistens in dem anderen ein Gefährt, das seine eigene Leere auffüllt. Es ist, als ob man sagen würde: „Großartig, diese Person wird das auffüllen, was mir fehlt." Und genau ab dem Augenblick, da diese Einstellung beginnt, ist die Beziehung zum Scheitern verurteilt, denn das heißt nichts anderes, als dass man sich gegenseitig zum Opfer macht.

Wo nährst du dich? An welchem Ort kannst du deine Leere füllen? Nur von den Frequenzen der inneren Seele. Daher wird es äußerst notwendig, dass alle eine Liebesbeziehung mit den Frequenzen ihrer Seele eingehen. Hier liegt deine Kraft. Hier ist die Klarheit, die du auf deinem fortschreitenden Lebensweg verwenden kannst. Du wirst dies nicht bei anderen Menschen finden oder von ihnen bekommen. Wenn du diese Liebe einmal in deinem Emotionalkörper erfahren hast, wird sich alles verändern. Du wirst in einen Zustand des Losgelöstseins und der Nicht-Anhaftung kommen. Du wirst wissen, dass die wahre Liebe nur von der Seele kommt, du kannst sie nicht von Menschen erfahren.

Bei den emotionalen Mustern der Menschen ist es die Variable der reaktiven Energien, welche den karmischen Austausch erschaffen. Das ist das Lebensmuster auf eurem Planeten.

Deine Seele existiert im Muster des Universums, und du hast die Fähigkeit, Teil dieses Ausdrucks zu werden. Vielleicht fällt es dir schwer, das zu verstehen, aber es wird wahrlich die Zeit für dich und das spirituelle erwachte Kind kommen, da ihr den physischen Körper nicht mehr nur zum Austausch von Emotionen teilt, sondern das Teilen der Struktur einsetzt, um das Teilen der Seele zu vervollkommnen. Und die Engel werden für euch singen, und ihr werdet mehr wachsen. Und eure physische Struktur wird den psychischen Schaden heilen, den eure Gesellschaft euch angetan hat; er wird ersetzt werden durch das Verstehen des Lebens.

Man kann nun fragen, was Leben ist. Ist es eine Existenz auf diesem Planeten? Ich habe keine Antwort für dich. Es hängt davon ab, wo dein Bewusstsein ist. Es hängt davon ab, worauf du deine emotionalen Ausdrücke lenken möchtest. Es hängt von deinen Werten in der Gesellschaft ab. Es hängt von deinem Verhältnis zu deiner Seele ab. Wie viele Wirklichkeiten gibt es für dich? Und was ist Wirklichkeit? Ist Wirklichkeit etwas, worauf du dich verlassen kannst, ein Anker für dich, der immer da sein wird? Und wenn das so ist, dann sind deine Wirklichkeiten Seele und Gott. Und der Rest sind Frequenzen ständiger Schwankungen, die sich andauernd verändern. Sie verändern sich mit den Gedankenmustern, die du erzeugst. Sie verändern sich, indem du vom kollektiven Bewusstsein beeinflusst wirst. Sie verändern sich, da Handlungen anderer auf dich einwirken.

Leben ist Seele. Seele ist Gott. Leben ist das Universum. Und in der Reinheit der höchsten Existenz ist die einzige Schwingung der Wirklichkeit Liebe. Und wenn du während deiner ganzen physischen Inkarnation keinen anderen Ausdruck erreichen kannst, dann erfahre die Wahrheit der Liebe, und alle anderen Dinge in deinem Leben erhalten eine entsprechende Bedeutung für dich. Und plötzlich spielt es keine Rolle mehr, welche schönen Kleider du trägst. Die Größe und das Aussehen deiner physischen Struktur ist unwichtig. Es spielt keine Rolle wie viel Geld du hast. Alles was zählt, ist die Liebe. Die Heilerin aller Dinge. Meine Kinder, Liebe ist ewig. Es gibt keinen Tod zu fürchten, und dennoch gibt es den Tod auf der Erde. Und die Menschen beeilen sich, um Dinge noch abzuschließen. Du möchtest nichts versäumen. Aber alles hier ist nichts. Ein vorübergehender Augenblick des Ausdrucks. Der Augenblick, da deine Seele in ihrer Reinheit ist, ist gar nichts anderes. Und daher wirst du alle deine Werte neu betrachten. Die Veränderungen werden sich allmählich und langsam äußern, doch du musst beginnen, dein Leben von unterschiedlichen Dimensionen aus zu betrachten. Und wenn dann etwas entdeckt wurde, dann versuche die von Adamis ausgedrückten Lehren anzuwenden und niemals in dir eine psychische Leere zu erzeugen, den größten Fehler der herkömmlichen Therapie.

Erschaffe deine neue Erfahrung und ersetze die alte damit, dann wirst du in die Wahrheit gehen, und die Liebe deiner Seele wird Friede und Freude für dich sein. Die Zellen deiner

Körperstruktur enthalten Schwingungen vergangener Erfahrungen deiner Seele und auch deines Kollektivs. Du nennst das Karma. Und einige Jahre deines Lebens bist du auch in deinen Handlungen bewusst von der Anwesenheit dieser Energiemuster beeinflusst. Das kommt noch zu der Energie hinzu, der du als Kind in deiner Familienstruktur ausgesetzt warst. Heute ist die Zeit, frei zu sein. Heute ist dein Morgen. Lass es los. Erschaffe die neue Erfahrung. Umarme die Existenz der Seele. Erkenne deine universelle Existenz an, und die Kraft wird in deinen Mind kommen. Und deine Wahrheit wird dir klar werden.

Dies sind die Worte, die wir zu diesem Zeitpunkt mit dir teilen wollten. Wir freuen uns über die Verbindung. Und wir wünschen dir anhaltende Freude und Wahrheit. Wir verabschieden uns.

Teil II

Wir grüßen dich. Wenn die Essenz der Seele eine Inkarnation des physischen Lebens auf eurem Planeten wählt, dann sucht sie sich die Mutter und den Vater aus. Der Hauptgrund dafür sind die psychologischen Bedingungen und das Umfeld, auf die das Kind in den prägenden Jahren seiner Persönlichkeit treffen soll. Meistens hängt diese Wahl von den Hindernissen ab, mit denen das Kind konfrontiert werden soll. Man muss verstehen, dass diese Hindernisse nicht als Bestrafung oder aus zerstörerischen Gründen ausgewählt wurden. Alles ist in einem mathematischen Verhältnis, welches direkt mit der Energieentwicklung der Seele zu tun hat. Je weiter die Seele entwickelt ist, desto größer ist das Energiepotential des Dienstes für Gott. Daher wird die Verfeinerung der psychischen Prozesse bezüglich des bewussten Dienstes notwendiger und wichtiger, und somit werden auch die Hindernisse größer. Erinnere dich an die Gesetze des Gewichts und des Gegengewichts. Je größer die Lichtfrequenz, desto intensiver die Frequenz des Dunklen. Dies ist auch anwendbar auf die Hindernisse, auf die ein Kind im Leben trifft.

Man darf die psychischen Aspekte des spirituellen Ausdrucks nicht ignorieren. Die beiden hängen eng zusammen und haben eine gemeinsame Wirkung auf deine bewusste Fähigkeit, dich mit den spirituellen Dimensionen der Energien des Lehrens in eurem Universum zu verbinden. Vielleicht sollten wir das anders für dich ausdrücken. Du sitzt hier und strebst eine klarere Kommunikation mit deinen Meistern an. Damit du das erreichen kannst, muss dein Kanal (Channel) klar sein, denn man kann von einer entwickelten Meisterseele nicht erwarten, dass sie ihre Frequenzen verändert. Das würde sicherlich zu einer Verzerrung der Kommunikation führen. Und so erschafft das Gleichgewicht zwischen deinem bewussten psychischen Profil und dem spirituellen Frieden deiner Essenz die Klarheit deines Kanals. Ich hoffe, dass das nun klarer für dich ist.

Die unterbewussten Muster deiner emotionalen Frequenzen sind jener Bereich deines Ausdrucks, der die größte Aufmerksamkeit erfordert. Denn hierbei ist es für die Menschen ganz normal, diese Energie als Form der emotionalen Selbstbestrafung zu verwenden oder als Rechtfertigung, in der Vergangenheit zu bleiben, weil bestimmte Handlungen und bestimmtes Wissen bereits erfahren und erlebt wurden. Wenn dieser Zustand auftritt, dann erzeugt dein bewusstes psychisches Profil einen alternativen Energieausdruck. Manchmal wird das als Alter Ego bezeichnet, etwas, das nicht wirklich existiert. Oft kann es dir vielleicht dazu dienen, angemessen zu entscheiden und zu handeln. Wenn du von deiner Familie entsprechend konditioniert worden bist, kannst du diesen alternativen Ausdruck zusätzlich dazu verwenden, ein Vermeiden der Zukunft zu rechtfertigen und dich angenehm davor zu verstecken, während du in der Tretmühle des Nichts bleibst. Das birgt eine große Gefahr, denn wenn man in diesem Ausdruck Trost und Frieden findet, kann man eine gespaltene Persönlichkeit entwickeln und seinen bewussten Ausdruck verstecken, damit man sich nicht mit der eigenen Verantwortung auseinandersetzt. Du wirst diese Situation bei vielen Menschen finden, die zu dir in Therapie kommen. Bei deinen Energieanwendungen wirst du die Sensitivität entwickeln, viele dieser verborgenen Energiefelder zu entdecken, welche sich in den unteren Zentren konzentrieren. Du wirst dann dein Licht verwenden, um ein Loslösen anzuregen und der bewussten Person gegenüber die Wahlmöglichkeit betonen, die sie hat: in der Dunkelheit bleiben oder in der Wahrheit des Seelenausdrucks leben.

Den Psychologen wird zunehmend bewusst, dass sie mit ihren Behandlungen keine dauerhaften Veränderungen bewirken. Ihre Methoden der totalen Abhängigkeit ihrer Klienten führen oft zu noch größerem Schaden als zu Beginn der Behandlung. Allmählich werden jene, die in der Integrität bleiben, Informationen und Methoden von alternativer Energie suchen, um den Menschen bei der Veränderung ihrer bewussten Ausdrucksmuster zu helfen.

Daher ermutigen wir dich, deinen jetzigen Weg des Entdeckens fortzusetzen. Der Vergleich mit der Erfahrung des Ersetzens von Energie wird den Klienten ermutigen, eine neue Lebenseinstellung einzunehmen und beizubehalten, und seinen Weg der Selbstentdeckung zu verfolgen. Und all diese energetischen Ausdrucksmuster werden in Zukunft tatsächlich als wirksame Behandlungen von psychischen Fehlfunktionen dienen. Das ist alles für heute.

Umgang mit Krebs

Die Erwähnung des Wortes „Krebs" löst bei den meisten Menschen Angst aus und lässt sie das Gesprächsthema wechseln. Wir tun so, als ob eine solch schlimme Krankheit nur andere heimsuche und wenn wir nicht darüber sprechen, würde sie schon weggehen.

Es wird eine Zeit kommen, da die Krankheit Krebs nur mehr eine ferne Erinnerung ist. Wann? Sobald die Menschen in einem Zustand der Gnade zu sich selbst und anderen leben. Wenn wir nicht mehr „das Bedürfnis haben", eine Krankheit auszudrücken, verschwindet sie aus unserer Gesellschaft.

Für unseren Umgang mit Krankheit, müssen wir bestimmte Krankheitsbilder in allgemeine Kategorien fassen:

* Arthritis
* Parkinson-Syndrom
* Hodgkin-Krankheit
* Multiple Sklerose
* Bösartige Tumore
* Gutartige Tumore
* AIDS

Jeder dieser „Ausdrücke der Unvollkommenheit" fällt ganzheitlich in die gleiche Kategorie von Verhaltensursachen. Alle können den Körper und den Geist zerstören und letztendlich auch die Seelenenergien schädigen. Alle drücken große Zerstörung und Ablehnung der totalen Vollkommenheit des physischen Seins als Schöpfung Gottes aus.

Bei unserer Betrachtung von Krankheitsausdrücken müssen wir eine strikte Trennung zwischen angeborenen und im Laufe des bewussten Lebens „erworbenen" Krankheiten vornehmen. Für den Augenblick wollen wir uns auf die erworbenen Krankheitsbilder beschränken.

Arthritis

Einer der ungewöhnlichen Aspekte von Arthritis ist die Tatsache, dass sie im Aura- oder Energiefeld des Körpers bis zu zehn Jahre vor ihrem Ausbruch erkennbar ist. Im Aurafeld erscheint sie als „Heiße Stellen" von Energie, die auf eine Blockade des normalen Energieflusses durch das Meridiansystem hindeuten. Diese Blockaden treten häufig an folgenden Stellen auf:

* Schultern
* Ellbogen
* Handgelenke
* Finger
* Hüfte
* Knie
* Knöchel
* Wirbelsäule

Dies sind die Stellen, welche am häufigsten von diesem Krankheitsbild befallen sind.

Wodurch wird Arthritis verursacht? Es gibt viele Erklärungen, und wir werden keine davon angreifen. Wir erwähnen einfach einige mögliche Ursachen, welche wir im Laufe von jahrelanger Erfahrung mit dieser Krankheit feststellen konnten.

Arthritis wird als eine Krankheit betrachtet, welche potentiell den gesamten Körper befallen kann. Auch wenn sie auf einen Bereich begrenzt erscheint, besitzt sie das Potential, auf andere Körperteile überzugehen.

Gemäß dem spirituellen Gesetz kann Arthritis durch den offensichtlichen Mangel an einer der „Zutaten" für die notwendige Nährung des gesamten Ausdrucks sein, dessen also, was die Person für ein erfülltes Leben braucht.

In den letzen zehn Jahren sind viele sehr sensitive und entwickelte Seelen bewusst hier auf die Erde gekommen. Wenn wir ihnen in die Augen schauen, scheinen sie „alt mit Weisheit" zu sein. Wegen ihrer erhöhten Sensitivität brauchen diese Kinder mehr „Liebessicherheit" als die meisten.

Das Alter zwischen zwei und fünf Jahren ist äußerst wichtig, um das Kind Liebe erfahren zu lassen. Das umfasst Umarmen, Zuneigung, körperliche Nähe und eine Gefühl großer Sicherheit, damit das Kind unterbewusst das Programm bildet, geliebt zu werden. Uns muss klar sein, dass im Alter von fünf Jahren dieses Muster von Liebe oder Abwesenheit von Liebe für den Rest des Lebens festgelegt wird.

Die meisten Eltern fühlen, dass sie ihrem Kind all die Liebe geben, derer sie fähig sind. Was würde geschehen, wenn ihre Kapazität für Liebe nicht die Bedürfnisse des Kindes erfüllen kann? Es kommt dann zu einer wirklich traurigen Situation. Das Kind fängt an, sich ungeliebt zu fühlen, obwohl die Eltern es wirklich lieben.

Wir alle können uns erinnern, wenn wir als Kind einmal krank waren. Wir bekamen viel Zuwendung, Geschenke, Süßigkeiten, Spielsachen, etc. Das waren Situationen, in denen wir fühlten, dass Mama und Papa uns wirklich lieben. Mit diesen angenehmen inneren Erinnerungen hat das Kind ein starkes Bedürfnis nach mehr Liebe von seinen Eltern, und es könnte unbewusst eine Krankheit erschaffen, um Aufmerksamkeit an sich zu ziehen.

Unter normalen Umständen wird ein Kind seine Eltern nie beschuldigen, zu wenig Liebe erhalten zu haben. Es wird immer sich selbst die Schuld geben! Die unterbewusste Programmierung lautet: „Ich bin die Liebe nicht wert. Ich bin nicht gut genug, dass sie mich lieben."

Oft wird das Kind dann zornig und verbittert. Es fängt an, Erwachsene nicht zu mögen, da es ja die Erwachsenen sind, die ihm keine Liebe zeigen. Wenn die Wut und das Unwertsein lange Zeit andauern, kann das Kind rheumatoide Arthritis entwickeln. Dieser Krankheitsausdruck erfüllt für das Kind mehrere Funktionen. Man wird es „bemerken", es wird Aufmerksamkeit bekommen und unbewusst die Bestätigung des Unwertseins für Liebe festigen.

Die spirituellen Ursachen für den Ausdruck von Arthritis in reifen Jahren können das Ergebnis von andauernder Wut und Ablehnung von anderen und auch sich selbst sein. Dadurch werden Muster des Unwertseins und der Selbstbeurteilung erschaffen. Wenn das geschieht, fängt der Körper an, die inneren Energiekreisläufe zu verändern, und die physische Struktur wird anfällig für Arthritis.

Warum gerade für Arthritis? Die Natur und Art der Krankheit besteht darin, Blockaden in bestimmten Körpergelenken aufzubauen. Diese Blockaden können verkalken und die Bewegung und Aktivität einschränken.

Welche bessere Art gibt es, das Unwertsein auszudrücken, als nicht „nach vorne zu gehen und hinausreichen" zu können und keine neuen Herausforderungen und Freuden im Leben zu erfahren? Je mehr die Wut und Bitterkeit zunimmt, desto steifer und unbeweglicher wird der Körper, bis er unfähig ist, an einem physischen Ausdruck teilzunehmen.

Niemand möchte sich das bewusst antun, und dennoch kommt es vor. Niemand möchte verkrüppelt und vor Schmerz unbeweglich sein, und dennoch geschieht es.

WIR SIND MIND! Unter allen Umständen wird der Körper jene Aussagen zu seiner Wahrheit machen, die du im Mind triffst.

Wenn jemand mit Arthritis zu mir kommt, dann frage ich als erstes: „Auf wen bist du zornig und wie lange schon?" In den letzten zwanzig Jahren ist es noch nie vorgekommen, dass jemand gesagt hätte: „Ich bin auf gar keinen wütend, auch auf mich nicht." Das bringt uns zu einem wichtigen Punkt.

Jeder Energie "Heilung" von arthritischen Zuständen muss eine ausführliche Beratung vorangehen. Wenn das nicht geschieht, ist es äußerst schwierig, positive Ergebnisse zu erzielen. Der Person MUSS bewusst gemacht werden, was die „mögliche Ursache" der Krankheit sein kann. Das kann nur durch Gesprächs- und Beratungstechniken erreicht werden. Sobald sich der einzelne der Umstände bewusst ist, die zu dem Zustand geführt haben, steht er vor einer äußerst wichtigen Entscheidung. BRAUCHT er diese Krankheit noch? Ist er bereit loszulassen, und wertvoll zu werden?

Wenn jemand diese Fragen nicht beantworten kann, dann wird er den bestehenden Zustand nicht verbessern können, denn der Körper wird das Programm der Vergangenheit weiter ausdrücken.

Angenommen, eine Person ist zum vollen Verständnis einer möglichen Ursache gekommen und möchte ihre Einstellung und ihren körperlichen Zustand verändern. Nun können wir mit dem „Heilungs"-Prozess beginnen.

Arthritis führt zu Verkalkungen in den Körpergelenken. Diese verursachen Energieblockaden und sind manchmal für die Schmerzen verantwortlich. Bevor wir den „Heilungs"-Prozess beginnen, bestimmen wir, was getan werden muss, um den Zustand zu bessern. Bei Arthritis besteht unser Ziel darin, die Verkalkungen allmählich zu durchbrechen und wieder einen normalen Energiefluss in diesem Körperbereich herzustellen.

In dieser Situation sind wir ein spiritueller Heiler und nicht jemand, der eine Krankheit kuriert. Bitte erinnere dich immer daran. Unsere Rolle in der Arbeit mit Arthritis besteht darin, den normalen Energiefluss im Körper wieder herzustellen. Wenn wir uns dessen bewusst sind, dann können wir uns auf die entsprechende Rolle unseres Dienstes fokussieren.

Wenn eine Blockade im Körper den Energiefluss stoppt, bringen wir Energie von beiden Seiten des blockierten Bereiches hinein. Wenn zum Beispiel der Ellbogen von Arthritis befallen ist, fügen wir Energie durch die Schulter und das Handgelenk ein. An diesen Stellen gibt es „Energieeintrittspunkte", die die Energie direkt in die Körpermeridiane schicken.

Der Heiler muss mental die Gedankenbedingungen festlegen, dass er Energie von der Schulter zum Handgelenk und wieder zurück zur Schulter schickt. Stelle mental fest, dass das Ziel darin besteht, den Energiekreislauf im Arm wieder herzustellen. Stell dir vor, dass du wie eine Batterie mit Kabeln bist und Energie in die volle Länge des Armes schickst.

Nach einigen Minuten wirst du spüren, wie die Fingerspitzen deiner Hände zu pulsieren beginnen. Das ist ein Zeichen dafür, dass die Energie die Blockade durchdrungen hat und dass langsam ein normaler Energiefluss durch den Arm entsteht. Setze die Behandlung noch mindestens zwanzig Minuten fort und wiederhole sie ein paar mal pro Woche bis eine Verbesserung auftritt.

Eine der ungewöhnlichen Nebenwirkungen der Heilung von Arthritis besteht darin, dass die Person für kurze Zeit einen stechenden Schmerz spüren kann. Wenn das geschieht, so erkläre, dass er von der Energie verursacht wird, die die Verkalkung durchbricht und dass das eine positive Reaktion auf den „Heilungs"-Prozess ist.

Das gleiche Grundprinzip gilt für die Heilung von Arthritis an allen anderen Körperstellen. Es wird von beiden Seiten des befallenen Körperteils ein Energiekreislauf erzeugt und mit beiden Händen energetisiert.

Wenn du es mit chronisch fortgeschrittener Arthritis zu tun hast, wie deformierten Fingern, Hüften oder Knien, dann musst du auch realistisch sein. In solch fortgeschrittenen Fällen wirst du nur sehr selten das Instrument für eine totale Heilung sein. Wenn jemand mit fortgeschrittener Arthritis zu dir kommt, dann kannst du nur hoffen, den Schmerz zu lindern und von einem emotionalen Standpunkt aus zu helfen.

Durch Beratung kannst du beitragen, dass die Person dem Fortschreiten der Erkrankung Einhalt gebietet. Wenn du damit dienen kannst, dann wirst du ihr im Leben viel geholfen haben.

Fallbeispiel:
Ein Mann brachte seine Frau mit fortgeschrittener Arthritis zur Heilung. Sie war schon so verkrüppelt, dass sie nicht mehr ohne fremde Hilfe gehen konnte. Ihr Mann war in Frühpension gegangen, um sie zu pflegen. Durch die Arthritis war ihr Kiefer bereits so stark deformiert, dass ihr Mann für sie sprechen musste.

Die Frau war Anfang vierzig und seit fünfzehn Jahren bereits stark in ihren Bewegungen eingeschränkt. Ich fing an, ihrem Mann ausgedehnte Fragen über ihr Leben und die Erfahrungen der letzten zwanzig Jahre zu stellen.

Wir hatten es mit einer sehr sanften Frau zu tun. Er erzählte mir, dass sie sich im Laufe ihres Lebens nie beklagt habe. Sie war immer da gewesen, wenn jemand sie brauchte, und hatte sich selbst hinten angestellt. Es kam zutage, dass sie im Laufe der zwanzigjährigen Ehe nie widersprochen, aufbegehrt oder zornig geworden war.

Ich redete dann mit ihr und erklärte ihr, dass es für sie endlich an der Zeit sei, das zu fühlen und darüber zu reden, was sie so lange Jahre in sich drinnen gehalten hatte. Ich sagte ihr, dass sie nicht perfekt sein müsse. Sie habe, genauso wie alle anderen, das Recht, nicht perfekt und einfach nur menschlich zu sein. Sie hatte sich ihr ganzes Leben lang für andere aufgeopfert, ihre Wahrheit, Wünsche und Bedürfnisse unterdrückt, um es allen recht zu machen und ja „keinen Staub aufzuwirbeln".

Zu der Zeit war ihr Zustand schon zu fortgeschritten, als dass eine Heilung auch nur zu einem teilweisen Rückgang hätte führen können. Ich erklärte das ihrem Mann und sagte ihm, dass ich sie bestenfalls dazu bringen könnte, sich geliebt zu fühlen und ihre Schmerzen vorübergehend zu lindern.

Er erklärte ihr das, und sie schien über meine Worte sehr erfreut zu sein. Ich fing mit den Heilungsenergien an und konzentrierte mich darauf, ihren Körper mit Liebesenergie zu erfüllen. Damit wollte ich die Ursache und den mit Arthritis verbundenen Schmerz heilen. Ich behandelte sie dreißig Minuten lang, und als sie ging, lächelte sie mit Tränen in den Augen und bedankte sich.

Vier Wochen lang brachte ihr Mann sie zweimal pro Woche zu mir. Ich begann zu spüren, dass ich nur als Besänftigung für sie diente, doch sie fühlte noch immer, dass ich sie kurieren würde. Sie hoffte weiterhin auf ein Wunder und ging dann deprimiert nach Hause. Ich sagte den beiden schließlich, dass ich mit der Behandlung aufhören müsse. Sie bat mich inständig, weiterhin kommen zu dürfen, da sie sich nach einer Behandlung immer besser fühle. Ich stimmte nur unter der Bedingung zu, dass sie die Grenzen meiner Arbeit mit ihr akzeptieren müsse.

Die Behandlungen setzten sich vier Monate fort. Sie war dann bereits zu schwach, um das Bett zu verlassen. Einige Monate später wurde ihr Herz zu schwach, und sie starb.

Der Punkt hier ist, dass man immer auch realistisch sein muss. Du dienst anderen nicht, wenn du ihnen falsche Hoffnungen machst. Das führt nur zu noch mehr emotionalem Schaden und die Krankheit wird womöglich noch schlimmer. Niemandem sollte je eine Heilung verweigert werden. Ganz gleich wie ernsthaft oder fortgeschritten die Krankheit ist, du kannst immer eine Heilung mit Liebe und Wertschätzung machen.

Wir müssen bedenken, dass der mentale Zustand von äußerster Wichtigkeit ist, wenn man es mit der Manifestation von Krankheit zu tun hat. Wenn die Einstellung mit Selbstliebe und Wertsein ausgedrückt wird, dann können vielleicht „Wunder" geschehen.

Bösartige Tumore

Das Wort „bösartig" hängt mit „etwas Böses tun" zusammen. Die Erklärungen lauten dementsprechend: „auf hinterhältige Weise böse, heimtückisch."

Das Universelle Gesetz lautet ohne Ausnahme: „Indem du dich selbst und andere be- und verurteilst, wird dies zehnfach verstärkt auf dich zurückkommen." Diese Feststellung ist unumgänglich. In all den Jahren, in denen ich mich mit Heilung beschäftige, ist mir noch nie ein Fall von Bösartigkeit/Krebs untergekommen, bei dem dieses Gesetz der Be- und Verurteilung nicht eine große und aktive Rolle im Krankheitsausdruck gespielt hätte.

Die Energien der Be- und Verurteilung drücken sich folgendermaßen aus:

* Anhaltende Wut gegen sich selbst oder andere
* Zerstörerisches Vergleichen und Erwartungen an sich selbst und andere
* Wiederholte Feststellungen des Unwertseins
* Perfektionssyndrom
* Der Ausdruck von „Hass"
* Selbstsabotage als Ergebnis von Versagensorientiertheit

Um Menschen mit Krebs beraten zu können ist es erforderlich, den Lebensausdruck auf unserem Planeten Erde zu verstehen. Alle Seelen sind „im Ebenbild Gottes" erschaffen. Sie setzen sich aus Energien zusammen, die männliche, weibliche und Liebesschwingungen sind. Daher sind in den „Augen Gottes" alle Seelen gleich wertvoll. Wenn eine Seele sich auf dem Planeten Erde inkarniert, begibt sie sich in einen physischen Körper der Dichte, um all die Lebensenergien und Muster zu erfahren, die die „Lebenssymphonie" auf diesem Planeten komponieren.

Wenn wir diese Worte verstehen, dann beginnen wir zu begreifen, dass der physische Körper der „Tempel der Seele" ist. Durch diesen Körper und sein Bewusstsein drückt sich die Seele und das, was sie von diesem Leben wünscht, aus. Aus diesem Grund muss jede Zelle, jedes Organ, jeder Körperteil und alles, was dazugehört AKZEPTIERT, GEACHTET UND GELIEBT WERDEN, SO WIE ES IST! Wenn das nicht geschieht, dann beginnt sich der Körper durch das Unterbewusstsein so zu verändern, dass er dem bewussten Ausdrucksmuster entspricht.

Wenn von dir verlangt wird, einer Person mit Krebs Heilungsenergien zu geben, dann wirst du keinen Erfolg haben, wenn du es ohne vorherige Beratung tust. Wenn du in der Beratung nicht qualifiziert bist, dann schicke sie zu jemandem, der Erfahrung damit hat.

Krebs ist eine karmisch hervorgerufene Krankheit. Wenn die Person sich nicht ganz der mentalen Zustände bewusst wird, die den Krebs hervorgebracht haben, kann die Heilung nicht wirksam sein. Ich kann die Bedeutung der Beratung gar nicht genug hervorheben.

Im Laufe der Jahre hat es viele Fälle gegeben, wo die entsprechende Beratung einen Heilungsprozess in Gang gesetzt hat, ohne dass Energiebehandlungen stattfanden. Die geänderte Einstellung und das Loslassen des Musters der wahrscheinlichen

Ursache der Bösartigkeit können oft einen Rückgang des Tumors auslösen.

Durch Krebs wird gesundes Gewebe zerstört. Dadurch fällt er in eine Kategorie, die sich von den anderen, normalen, Heilanwendungen deutlich unterscheidet. Die Energiebehandlung für Krebs ist in ihrem Zugang und ihrem letztendlichen Ziel vollkommen einzigartig.

Wir „werfen" alle Regeln und gelernten Techniken „über Bord". Wir stellen fest, dass wir total als Gefährt für Gott dienen. Wir sind da, um Gottes Energien der Transmutation an das erkrankte Organ zu übertragen, damit sich das Gewebe regenerieren kann. Das ist die Rolle des Heilers bei der Behandlung von bösartigen Tumoren.

Der Heiler öffnet sein Kronenchakra, zieht Gottes Licht in seinen Körper und legt seine Hände direkt auf den Tumor. Mit einem Kraft-Gedanken überträgt er Gottes Licht direkt von seinen Händen in den Tumor.

Bei dieser Kategorie des Heilens ist es von äußerster Wichtigkeit, dass du in deinen Emotionen absolut objektiv bleibst. Du kannst dir nicht erlauben, bei diesem einzigartigen Ausdruck des Heilens emotional oder persönlich hineingezogen zu werden. Wenn das geschieht, dann wirst du be- und verurteilen, und DU wirst versuchen, die Person zu „kurieren". Du kannst dies nicht alleine schaffen. Du bist nicht Gott, und du kannst nicht entscheiden, wer kuriert werden und wer krank bleiben soll.

Bei diesem Heilungsprozess hast du es nicht damit zu tun, irgend eine Infektion oder Entzündung zu entfernen. Du versuchst nicht, Energie aus dem physischen Körper zu entfernen. Du stellst in deinem Geiste fest, dass du Energie einführst, um das erkrankte Gewebe zu transmutieren, damit die

Person in ihren entsprechenden Ausdruck von Gesundheit gelangen kann.

Lasse deine Hände so lange auf dem Tumor, bis du innen in dir spürst, dass die Heilung für diesmal abgeschlossen ist. Dies wird selten länger als zehn Minuten dauern. Wiederhole die Behandlung alle drei Tage in einer Reihe von fünf Sitzungen. Wenn es zu keiner Verbesserung kommt, kannst du für die Person, was die Transmutation ihrer Krankheit betrifft, nichts mehr tun.

Wie sollst du dich nun verhalten, wenn jemand zu dir kommt und sagt: „Ich fühle einen Knoten in meiner Brust. Ich möchte nicht zum Arzt gehen, sondern will, dass du ihn für mich heilst." Du bist kein Arzt. Du bist ein spiritueller Energieheiler. Diagnostiziere niemals irgend eine Art von Krankheit. Wenn du das tust, dann praktizierst du ohne entsprechende Befugnis und Erlaubnis Medizin, und das ist nicht in Ordnung und nicht integer.

Wenn jemand mit der Bitte um eine Heilung zu dir kommt, dann fragst du zu zuallererst einmal: „Bist du schon beim Arzt gewesen?" Wenn er verneint, dann schicke ihn zum Arzt. Heile niemanden, der nicht eine entsprechende professionelle Diagnose hat. Wenn eine Person sich in ärztlicher Behandlung befindet, dann gib ihr erst Heilungen, wenn sie eine schriftliche Einwilligung des Arztes bringt. Du darfst nicht in die medizinische Praxis eingreifen.

Dies gilt besonders für Krebs, da er eine lebensbedrohliche Krankheit ist. Du darfst dich nicht wegen deines Übereifers oder übersteigertem Ego in eine Situation bringen, in der du für den Verlust eines Lebens verantwortlich bist. Befolge die Regeln: sei du Heiler und lass den Arzt Arzt sein.

Fallbeispiele:

1. Die Schwester einer Schülerin von mir war bei ihr auf Besuch. Sie kam wegen einer Heilung zu mir, da sie in der rechten Seite des Bauches einen Leistenbruch hatte. Der Arzt hatte ihr gesagt, dass das eher nur unangenehm als gefährlich sei. Ich fragte sie, warum sie zu mir gekommen sei. Sie antwortete, dass andere ihr gesagt hätten, es sei „nicht schön anzusehen".

Es war seltsam, ich hatte das Gefühl, dass ihr Zustand sie nicht all zu sehr störte. Es kam mir vor, als ob es ihr Vergnügen bereiten würde, über ihren „Zustand" zu sprechen.

Nachdem wir eine Stunde geredet hatten fragte sie, ob ich ihr eine Heilung geben würde. Ich sagte, „nein" und erklärte ihr, ich hätte den Eindruck, dass sie die Krankheit als Teil ihres Lebens „benützen" würde.

Daraufhin fing sie an zu weinen und erzählte, dass sie sich von den Menschen nicht gemocht fühle. Durch diese „Krankheit" schenke ihr jeder Aufmerksamkeit, und zum ersten Mal in ihrem Leben schien jemand besorgt um sie zu sein.

Ich schickte sie nach Hause und bat sie, ihren Zustand nicht mehr als Krücke für ihre Selbstverurteilung zu gebrauchen. Ich sagte: „Vergiss den Leistenbruch, versuche einfach, du selbst zu sein, und vielleicht entdeckst du, dass andere dich einfach so mögen, wie du bist. Wenn du das erkennst, dann wird der Leistenbruch, den du dann nicht mehr brauchst, weggehen."

Damit ging sie nach Hause und erschien nach einem Jahr wieder. Sie strahlte von einem Ohr zum anderen und zeigte mir stolz ihren flachen Bauch. Sie hatte meinen Rat angenommen und ihre Krankheit ignoriert. Zu ihrer großen Überraschung mochten sie alle weiterhin, und sie fing an, Selbstwert zu entwickeln. Dann beschloss sie, den Leistenbruch nicht länger zu brauchen. Sie sagte ihrem Körper, dass es an der Zeit sei, wieder ganz zu werden, und der Leistenbruch wurde immer kleiner und verschwand.

2. Ein Arzt schickte eine fünfundvierzigjährige Frau zu mir. Verschiedene Krebsspezialisten hatten bestätigt, dass sie entlang der Wirbelsäule neun Tumore hatte. Sieben davon waren als bösartig diagnostiziert worden, und sie war für eine Operation in zehn Tagen vorgesehen. Man schickte sie zu mir, damit sie für ihr „Leben nach der Operation" meditieren lerne.

Ich fragte sie, ob es ihrem Leben jemanden oder eine Situation gebe, die langanhaltende Wut oder Verärgerung ausgelöst habe. Sie verneinte alles. Ich bohrte weiter bis sie schließlich zusammenbrach und folgende Geschichte erzählte.

Sie war seit zehn Jahren geschieden und musste arbeiten, um sich und ihre vier Kinder zu erhalten. Sie hatte ein gutes Einkommen, aber sie „hasste" den Mann, für den sie arbeitete. (Das Wort „hassen" ist eine totale Verurteilung.)

Sie suchte zwar nach einem neuen Job, doch sie konnte keinen finden, der ihr ein entsprechendes Einkommen für sich und ihre Familie bot. Sie fühlte sich wie in einer Falle, ohne eine Möglichkeit, ihre Situation zu verändern.

Wir fanden den Schlüssel! Ich erklärte ihr, dass sie ihren Chef nicht „mögen" müsse, doch sie habe kein Recht, ihn zu verurteilen. Damit meinte ich, er habe das Recht, er selbst zu sein und zu handeln, wie es ihm angemessen erscheine. Sie musste lernen, sein Recht auf seinen eigenen Ausdruck zu respektieren. Eigentlich musste sie alle Erwartungen ihn betreffend loslassen, ihn als ihn selbst anerkennen und ihn einfach so sein lassen.

Ich lehrte sie zu meditieren, sich zu entspannen und alle ihre Energien des Zorns und der Wut loszulassen, da daraus eine totale Verurteilung geworden war.

Ich ließ sie in ihrer Meditation immer wiederholen: „Ich mag dich nicht, aber ich achte dein Recht, deinen Ausdruck frei zu wählen."

Sieben Tage lang kam sie zu mir. Sie meditierte jeden Tag, und in der Meditation ließ sie ihre alten Verurteilungen und die Wut los. Ich gab ihr nie eine Heilung, sondern machte ihr nur die mögliche Ursache ihres Krankheitsausdrucks bewusst. Darüberhinaus unterstützte ich sie, sich zu erlauben „ganz" zu sein.

Die Woche darauf ging sie zur Operation. Alles, was gefunden wurde, waren zwei gutartige Tumore, die bösartigen waren alle zurückgegangen.

Dies ist ein klassisches Beispiel für die Kraft des Minds und seine Rolle im Bezug auf den physischen Körper. Hätte ich ihr eine Reihe von Behandlungen ohne Beratung gegeben, hätte sie nie ihr totales Wohlergehen, ihre Gesundheit, erlangt. Sie musste ihre Rolle im Erschaffen der Krankheit verstehen. Sie musste aus den Ergebnissen ihrer mentalen Handlungen lernen, und das tat sie auch.

3. Eine fünfunddreißigjährige Schülerin von mir hatte sich schon seit Jahren mit Ernährung, Heilung und Beratung beschäftigt. Sie war eine extrem starke Frau, und hatte einen Mann geheiratet, dessen Persönlichkeit zu Abhängigkeit neigte. Sie spielte die Rolle der Eltern und war jahrelang sein starker Halt.

Letztendlich fand sie heraus, dass die Ehe nicht mehr funktionierte und zog aus. Er rief sie immer wieder an und war verzweifelt. Sie fühlte sich langsam schuldig und fing wieder an, seine „Bedürfnisse zu erfüllen". Sie konnte nicht die mentale Kraft finden, um die Trennung zu vollziehen.

Drei Monate später bekam sie Zervikalkrebs und beschloss, sich selbst zu heilen. Sie machte alle möglichen ganzheitlichen Behandlungen durch und kam für Energieheilungen zu mir. Sie wusste, was den Krebs verursacht hatte, nämlich ihre Weigerung, sich als eine Frau zu achten, sich zu erlauben, wert genug zu sein, um ein erfülltes Leben in persönlicher Freiheit zu führen. Nichts nützte. Schließlich riet ich ihr, sich operieren zu lassen. Ich erklärte ihr, dass wir manchmal verstehen müssen, dass etwas aus unserem Leben „herausgeschnittten" werden muss. Weiter sagte ich ihr, dass sie sich nach ihrer Operation frei fühlen solle. Sie könne dann neue Anfänge machen und den Mut haben, ihr Leben in ihrer eigenen Wahrheit und Freiheit zu beginnen.

Genau das geschah auch. Nach der Operation ließ sie sich scheiden und heiratete nach drei Jahren erneut. Sie lernte aus den Ergebnissen ihrer Handlungen, und das brachte Erfüllung und Freude in ihr Leben.

Dies ist ein Beispiel für eine Heilung, die nicht erfolgreich war. Im physischen Körper fand keine Heilung statt. Allerdings hat der Mind die Kontrolle über unser Leben, und wenn wir uns entsprechend programmieren, können wir die Handlungen nützen, um uns Anreize zu schaffen. Alles hängt von unserem Mind, unserer Motivation und unseren wirklichen Bedürfnissen im Leben ab.

4. Ein Mann rief mich an, dessen elfjähriger Sohn mit seiner Exfrau in einer anderen Stadt lebte. Das Kind war aus keinem ersichtlichen Grund zusammengebrochen. Im Krankenhaus fand man dann einen inoperablen Gehirntumor. Das Kind wurde von mehreren Spezialisten untersucht, und alle kamen zu dem gleichen Schluss.

Der Arzt sagte den Eltern, dass es keine Hoffnung gebe und dass sie sich auf den Tod ihres Kindes einstellen sollten. Zu diesem Zeitpunkt wurde ich gebeten, dem Kind Heilung zu geben.

Mental schickte ich dem Kind Heilungsenergie. Das lief so ab, dass ich die Energie an die Seele des Kindes schickte, damit sie

sie nach ihren eigenen Bedürfnissen und ihrer Wahrheit einsetzte. Durch diese Bedingung interferierte ich nicht und traf auch keine Entscheidung über das Leben oder den Tod des Kindes. Ich stellte die Energie der Seele einfach zur Verfügung.

Drei Tage später, war der Tumor völlig zurückgegangen, das Kind war aufgewacht, hatte gelächelt und war nach Hause gegangen.

Ich kann nicht erklären, was passiert war. Ich halte es mir nicht zugute, den Rückgang des Tumors oder die völlige Gesundung bewirkt zu haben. Es lag wahrlich in der Hand seiner Seele und Gott. Ich habe oft solche Heilungen versucht. Durch viele verschiedene Faktoren sind sie nicht immer erfolgreich. Ich kann bloß da sein, wenn mich jemand braucht. Ich bin nicht der letzte Richter oder Entscheidungsträger im Heilungsprozess eines Krankheitsausdrucks. Tatsächlich würde ich diese große Verantwortung über Leben oder Tod gar nicht tragen wollen.

In jedem der hier beschriebenen Fälle und auch den Hunderten anderen sind die Patienten immer in ärztlicher Behandlung gewesen. Jene, die Strahlentherapie o.ä. bekamen, setzten diese fort. Das ist sehr wichtig zu verstehen. Ein Heiler hat kein Recht zu sagen: „Ich werde dich gesund machen, du kannst die anderen Behandlungen abbrechen." So etwas wäre verantwortungslos und würde aus purem Ego geschehen.

Zwei meiner engen Freunde bekamen innerhalb von drei Monaten beide Krebs. Sie hatte Lymph- und Knochenmark-krebs, und ihr Arzt gab ihr keine Überlebenschance. Er bekam zwei Gehirntumore.

Ein Jahr später wurde sie von ihrem Arzt als vollkommen gesund entlassen. Heute, nach fünfzehn Jahren, ist sie es noch immer. Er starb innerhalb von zwei Monaten.

Beide kamen zusätzlich zu ihrer medizinischen Behandlung mit Einverständnis ihrer Ärzte für Heilungen zu mir. Sie konnte viel ihrer Wut erkennen und loslassen, an der sie fünfzehn Jahre lang festgehalten hatte. Er konnte nicht vergeben und seine wahren Gefühle ausdrücken. Er erzählte den Menschen immer, was sie hören wollten, um ihre Anerkennung zu bekommen.

Vielleicht wurde sie auch aufgrund der medizinischen Behandlung gesund, es spielt keine Rolle. Ich brauche kein Lob oder Beweihräucherung. Sie wurde gesund, das zählt. Wenn die Heilung bloß psychologische Wirkung hatte, dann war sie es wert.

Ein Heiler hat nicht das Recht, sich selbst zu be- oder verurteilen, wenn jemand nicht gesund wird. Die Rolle des Heilers ist darauf beschränkt, Energie zur Verfügung zu stellen. Alles andere spielt sich zwischen dem einzelnen und dem Schöpfergott ab.

Wenn du dich mit diesen Worten nicht anfreunden kannst, dann rate ich dir, dich nicht mit Heilen zu beschäftigen. Du wirst sonst nur Frustration und Selbstbeurteilung erleben, wenn du mit Energieanwendungen keinen Erfolg hast. Wir sind nicht hier, um in Frage zu stellen oder nach dem Warum oder Wie zu fragen. Wir sind hier, um zu dienen. Die Komplexität des Universums und die Gesetze Gottes gehen über unser Verstehen hinaus.

Gutartige Zysten und Tumore

Diese Ausdrücke von „mangelndem Wohlergehen", wie ich es nenne, werden oft als ernste Warnung betrachtet. Es ist, als ob einem jemand auf die Schulter klopfe und sage, „Pass' auf, du tust oder denkst etwas, das nicht in Wahrheit und Ordnung ist."

Viele Menschen ignorieren gutartige Zysten und Tumore einfach in der Hoffnung, dass sie schon weggehen werden. Meistens gehen sie aber nicht weg, und wenn sie ignoriert werden, können sie sich in bösartige entwickeln. Etwas Körperliches zu ignorieren ist wie in Illusion zu leben.

Die Ursache wird an Kraft gewinnen und im bewussten Ausdruck immer stärker werden. Das kann dann dazu führen, dass sich bösartige Zustände entwickeln.

Der Heilungs- und Behandlungsprozess für gutartige Tumore und Zysten ist gleich dem für bösartige Tumore beschriebenen Vorgang. Auch wenn der Zustand gutartig ist, behandeln wir ihn vorsichtshalber so, als wäre er bösartig. Beratung ist erforderlich, und die Ursache der Krankheit muss bestimmt werden, bevor die Heilung wirkungsvoll stattfinden kann.

Parkinson-Syndrom & Hodgkin-Krankheit, Multiple Sklerose

Wir haben diese drei Erkrankungen in einer Kategorie zusammengefasst, da ihre Ursachen in die gleiche Gruppe fallen.

Die dominante spirituelle Ursache für diese Ausdrücke sind langanhaltende Wut, Groll gegen andere und das Bedürfnis nach aufmerksamer Liebe und Selbstmitleid.

Fallbeispiel:

Ein befreundeter Chiropraktiker rief mich an und erzählte mir, dass sein fünfundvierzigjähriger Vater am Parkinson-Syndrom leide. Er bat mich, mit seinem Vater zu sprechen und ihn zu unterstützen. Ich besuchte den Mann, bei dem die Krankheit acht Monate vorher diagnostiziert worden war und der bereits im Rollstuhl saß. Die Krankheit schritt sehr schnell fort.

Der Mann hatte folgende Lebensgeschichte. Er arbeitete für eine internationale Kette von Motels und war zum bundesweiten Verkaufsmanager befördert worden. Er versuchte, die Beförderung zu umgehen, da dies enorme Reisetätigkeit bedeutete.

Obwohl er bereits fünfzehn Jahre bei dem Unternehmen gearbeitet hatte, ließ man ihn den neuen Job nicht ablehnen. Er hatte die Wahl, entweder die Beförderung anzunehmen oder aus dem Unternehmen auszuscheiden.

Er nahm die Stelle an, doch er war sehr wütend darüber, dass er gezwungen war, seinen Lebensstil gegen seinen Wunsch zu ändern. Wenn er geschäftlich unterwegs war, trank er viel und ließ seine Wut an den Menschen in seiner Umgebung aus. Schließlich wurde er krank. Die Krankheit verstärkte seine Bitterkeit und seine Wut noch mehr.

Er gab der Firma die Schuld für seinen Zustand und lehnte es ab, auch nur einen geringen Teil von Selbstverantwortung zu tragen. Er hörte nicht auf mich und weigerte sich standhaft, seine Wut loszulassen. Innerhalb eines Jahres starb er. Sein Verfall ging so schnell, dass nicht einmal die Ärzte es verstehen konnten.

Störungen des Nerven- und Energiesystems hängen eng mit spirituellen Folgen von anhaltender Wut und Groll zusammen. Wenn man nicht ständig Kohlen auf das Feuer legt, dann kühlt es ab und geht aus. Wenn man Benzin hineinschüttet, dann brennt schließlich das „Haus" ab.

Je wütender man wird, desto mehr wird die Stabilität und der Geisteszustand gestört. Man wird dadurch anfälliger für energetische und nervliche Erkrankungen.

Letztendlich habe ich keinen Lebenszustand gefunden, bei dem man keine Wahl hat. Dadurch lässt sich Wut und Verurteilung anderer nicht mehr rechtfertigen. Dieser Mann hätte seinen Job aufgeben können, das wäre nicht das Ende seiner Welt gewesen. Man hat immer noch eine Wahl, auch wenn es vielleicht vorübergehend wie ein „Schritt zurück" aussieht.

Die Wut dieses Mannes war in die falsche Richtung gelenkt, denn eigentlich war er auf sich selbst zornig. Er hatte den Job angenommen und war selbst für seine Handlung und die Folgen verantwortlich. Daher können wir sagen, dass sich seine Wut und sein Zorn gegen sich selbst richtete, die Aggression jedoch drückte er seinem Unternehmen gegenüber aus.

Aids

An dem Tag, da sich die Welt der Gefahren von AIDS bewusst wurde, „erschien" eine Hand und schloss den Vorhang vor dem sichtbaren Fenster von promiskuitiver sexueller Aktivität.

Die medizinische Wissenschaft bringt AIDS mit dem Zusammenbruch des Immunsystems in Zusammenhang.

Dies deckt sich voll und ganz mit dem spirituellen Gesetz. Die spirituelle Interpretation des Immunsystems hat mit dem Gleichgewicht und der Ausrichtung der Chakras zu tun, jenen spirituellen Energiezentren, durch die die Lebensenergie zu allen Bereichen und Zentren des Körpers fließt.

Solange die Körperenergien ungehindert fließen können, sollte der Körper nicht anfällig für Krankheiten sein. Jede Be- und Verurteilung, jede Eifersucht, jede Handlung, die eine Lüge und nicht Wahrheit ist, verursacht eine Ablenkung des Energieflusses. Dadurch kann die Energie nicht in alle Körperbereiche fließen, es entsteht ein Mangel und man wird anfällig für Krankheiten.

Fragst du dich jemals bevor du mit jemandem intim wirst: „Tue ich dies in Wahrheit oder in Lüge? Möchte ich promiskuitiv sein oder muss ich mir nur etwas beweisen? Fühle ich mich nicht begehrenswert, und muss ich mein Ego aufpolieren?"

Dies sind einige der Fragen, die ich Menschen stelle, die mit AIDS zu mir kommen und eine Heilung möchten. Die allererste Frage lautet: „Sag mir, möchtest du leben oder sterben?" Wenn die Person leben möchte, und die meisten wollen das, dann müssen sie ihre vergangenen Handlungen ansehen und sich ihnen in Wahrheit stellen. Sie können sich nicht mehr belügen. Das Leben der Illusion muss aufhören.

Der Mind muss den Ego-Ausdruck beiseite drängen und der Seelenwahrheit erlauben, zum dominanten Ausdruck zu werden, der nun die künftigen Handlungen bestimmt.

Ich glaube sehr wohl, dass AIDS manchmal geheilt werden kann, indem zuerst eine Beratung stattfindet und dann eine Bewusstheit über vergangene Handlungen, die nicht in Wahrheit stattfanden. Zur Zeit muss ich sagen, dass unsere Erfolge nur gering waren, doch in einigen Fällen ist es zu einem Rückgang gekommen. Wenn es nur einmal funktioniert, dann kann es immer wieder funktionieren.

Wenn ich jemanden frage, ob er leben möchte, dann frage ich, ob er bereit ist, sich nicht mehr zu belügen und seinen Körper künftig als „Tempel der Seele" zu achten. Das ist keine leichte Aufgabe. Die Menschen brauchen ein Unterstützungssystem, um sie zu ermutigen und ihnen zu zeigen, dass es jemandem wirklich wichtig ist, ob sie leben oder sterben. Mit anderen Worten, sie brauchen den Ausdruck von Liebe und Nähren statt nur vorübergehenden Sex, denn es gibt da einen gewaltigen Unterschied.

Jedes Mal wenn eine Person mit AIDS eine unwahre Handlung der Vergangenheit als Lüge anerkennt, dann bewegt sich das Chakrasystem ein wenig näher zum Gleichgewicht hin. Das ist der wahre Heilungsprozess. Schritt für Schritt bewegt es sich in die Wahrheit und richtet das Immunsystem aus. Wenn diese Krankheit zeitgerecht behandelt wird, kann der Patient vielleicht wieder gesund werden.

Ich habe nicht gesagt, dass ich AIDS kuriere, das tue ich nicht. Die Heilung dieses Ausdrucks der fehlenden Ordnung muss aus dem Inneren des einzelnen kommen, wenn er eine spirituelle Energieursache und den entsprechenden Ausdruck hat.

Bei jemandem, der mit AIDS zu dir kommt und den Weg der Selbstentdeckung beginnt kannst du Energieheilung anwenden. Lege eine Hand auf das Herzchakra und schicke Liebe direkt in das Herz und die Seele. Die Erfahrung von Liebe ohne Forderungen oder Anhaftungen wird dazu führen, dass die Person Gefühle des Wertseins spürt. Dies kann dann der Anreiz sein, zu heilen und gesund sein zu wollen.

Angeborene Krankheiten

Es gibt so viele medizinisch bewiesene Ursachen von Erbkrankheiten, und wir werden dem nicht widersprechen. Die Wissenschaft hat wunderbare Fortschritte gemacht und viele Türen zum Verstehen von pränatalen Zuständen und Behinderungen geöffnet. Unsere Diskussion beschränkt sich auf die spirituelle oder Seelenursache einer Behinderung, ganz gleich ob sie körperlich oder geistig ist.

Eine der Grundannahmen der spirituellen Philosophie ist es, dass die Seele sich die Eltern „aussucht". Auf diese Weise erhält die Seele die gewünschten genetischen- und Erbanlagen, sowie das Umfeld, in welchem sie im jeweiligen Leben ihre Erfahrungen machen möchte. Mediziner haben auch anerkannt, dass die Seele zum Zeitpunkt der Empfängnis in den Fötus eintritt. Normalerweise findet dadurch eine völlige und gesunde Entwicklung des Kindes statt.

Es heißt auch, dass sich eine Seele manchmal eine Inkarnation mit einer Behinderung aussucht, um entweder anderen zu dienen oder für ihre eigene Erfahrung als Minderheit in einer Gesellschaft. Wenn dies geschieht, dann tritt die Seele nicht bei der Empfängnis ein, sondern sie lässt Zeit verstreichen, um so den gewünschten Grad der Behinderung zu erzeugen. Dann erst tritt sie in den Fötus ein.

Es fällt dir vielleicht schwer, diese Aussage zu verstehen und zu akzeptieren. Du fragst dich womöglich, warum sich eine Seele ein Leben mit einer körperlichen oder geistigen Behinderung aussucht. Ich werde mein Bestes tun, um es zu erklären.

Wenn ein Kind mit einem körperlichen oder geistigen Fehler, mit einer Hautfarbe oder Rasse einer Minderheit oder irgend einem anderen Ausdruck geboren wird, der nicht der Mehrheit in einer Gesellschaft entspricht, dann nennen wir das einen „Minderheiten-Ausdruck".

Alle Arten und Ausformungen dieser Kategorie von Krankheiten sind normalerweise für ein ganzes Leben bestimmt. Daher kann jede Art von normalem Heilungsvorgang, der zu einem möglichen Kurieren führen könnte, nicht angewendet werden. Der gewählte Heilungsprozess sollte von der Kraft deines Minds kommen, nämlich der mentalen Projektion von Energie an die Seele der Person. Dafür gibt es viele Gründe.

1. Es dient als Erkennen der Anwesenheit der Seele, sowohl dem Anerkennen ihrer Existenz.
2. Du erkennst an, dass es das Leben der Seele ist, nicht nur das der Persönlichkeit.
3. Du stellst der Seele Energie zur Verfügung, um ihr im Ausdruck und der Erfüllung ihres Zwecks für diesen Lebensausdruck beizustehen.
4. Die Seele wird sich bewusst werden, dass sie nicht allein ist, eingesperrt in einem behinderten Körper, dass sie jemandem wichtig ist und dass sie in ihrer Wahl des Lebens unterstützt wird.

Wenn du jemanden in einem „Minderheiten-Ausdruck" kennenlernst, dann fühle nicht Mitleid oder irgendeine Be- oder Verurteilung. Blicke hinter das, „was zu sein scheint", schaue hinein und fühle, wer der Mensch wirklich ist. Dann erlaube, dir dich mit ihrem Kern des Lebens, ihrer Seele, in Verbindung zu setzen.

Meiner Erfahrung nach haben Menschen, die seit ihrer Geburt mit einer Behinderung leben, starke entwickelte Seelen. Sie haben sich ihr Leben ausgesucht, ein Leben mit einem eingeschränkten Ausdruck, und dennoch sind sie hier, um zu erfahren, zu lernen und anderen zu dienen. Der Großteil dieser Menschen sind sanft und liebevoll. Dieser Ausdruck kommt von ihrer Seele, um Menschen zu berühren und ihnen den wahren Wert des Lebens zu lehren.

Spirituelle Ursachen von Krankheiten

„Der menschliche Körper ist anfällig für Krankheitszustände. Dies ist eine Wirklichkeit, die alle akzeptieren müssen." Stimmen diese Worte, oder können wir den alten Schriften auf der ganzen Welt glauben, in denen es heißt, dass die Menschen Hunderte Jahre lebten?

Ist uns etwas verloren gegangen? War es die industrielle Revolution, unsere kapitalistische Gesellschaft oder unser Streben nach Macht und Erfolg? Vielleicht war es all das und noch mehr.

Physische Erkrankungen sind real und können nicht verleugnet oder ignoriert werden. Gibt es aber noch andere Ursachen und Gründe, die uns für Krankheiten anfällig machen?

Mit nur wenigen Ausnahmen ist unser Körper in Vollkommenheit erschaffen, und gemäß dem spirituellen Gesetz sollte er auch so bleiben. Wenn unser Chakrasystem in Ordnung und ausgerichtet ist, dann erhält unser Immunsystem unsere Gesundheit aufrecht und „verweigert" die Anwesenheit von Unvollkommenheit oder Krankheit.

In den vergangenen zwanzig Jahren habe ich mit vielen hundert Menschen gearbeitet, die zahlreiche Krankheiten hatten. Nur selten habe ich jemanden getroffen, dessen Krankheit nicht eine spirituelle Ursache als Auslöser hatte. Die spirituelle Ursache programmiert die energetischen Reaktionszentren des Körpers neu und macht sie empfänglich für die mentalen Aussagen, die unsere Vollkommenheit leugnen.

Wir sind anfällig für Krankheiten, doch wenn unser Immunsystem in Ordnung ist, dann ist die Krankheit nicht so ernst und dauert nicht so lange.

Wir können unser Unterbewusstsein mit der Information vergleichen, die auf der Festplatte eines Computers gespeichert ist. Wenn wir mit unseren mentalen Gedanken ein neues Programm erschaffen, dann wird das ursprüngliche durch die ständige Wiederholung gelöscht. Der Körper kann Wahrheit von Unwahrheit nicht unterscheiden. Er „hört" einfach auf das automatische Reaktionssystem des Unterbewusstseins und fängt an, sich für den Ausdruck einer Krankheit zu programmieren. Der Körper lässt den Mind nie lügen!

Da ich im Laufe der Jahre die Probleme vieler Menschen angehört habe, haben sich für mich bestimmte Kategorien von negativen gedanklichen Aussagen ergeben, die als Muster Ursachen von Krankheiten programmieren. Diese können die Reaktionen des Unterbewusstseins verändern und die „gesunde" Energie von Körperorganen so beeinträchtigen, dass diese für Krankheiten anfällig werden.

Nachfolgend habe ich die negativen Affirmationen aufgelistet, die an die Energie des Körperorgans und das dazugehörige Chakra übertragen werden. Ebenso angeführt sind positive Affirmationen, die verwendet werden können, um die negativen zu löschen und einen neuen positiven Fluss von „ewiger Gesundheit" an die Struktur zu senden.

Die aufgezählten Krankheiten sind die häufigsten, mit denen wir im Leben zu tun haben.

Adiposita (Fettleibigkeit)

* Wenn ich mich abschirme, wird niemand entdecken, wer ich bin.

* Ich brauche Schutz, damit ich nie wieder verletzt und abgelehnt werde.
* Ich möchte nicht entdecken wer ich bin. Was ist, wenn es mir nicht gefällt?
* Wenn ich das „wahre" Ich rauslasse, könnte ich versucht sein, „herumzuspielen".
* Ich fühle mich sicher, wenn ich mich vor mir und anderen verstecke.

Affirmationen der Veränderung:
* Ich liebe mich wirklich so, wie ich bin.
* Ich bin perfekt für meine Seele.
* Ich bin immer mein wahres Selbst.
* Ich feiere meine Unvollkommenheiten im Leben.

Aids

* Ich bin ein wertloser Mensch.
* Ich lege auf Sex oder Liebe keinen Wert.
* Ich muss ständig beweisen, dass ich noch begehrenswert bin.

Affirmationen der Veränderung:
* Ich bin perfekt für meine Seele und den Schöpfergott.
* Ich akzeptiere und liebe mich, wie ich heute bin.

Akne

* Egal was die Leute sagen, ich weiß, dass ich unwert bin.
* Ich wünschte, ich könnte mein hässliches Gesicht mit plastischer Chirurgie verändern.

Affirmationen der Veränderung:
* Ich feiere meine Unvollkommenheiten und Fehler.
* Mein wahres Selbst kommt von meiner Seele.

Allergien

* Wenn ich etwas Neues versuche, glaube ich nicht, dass es funktionieren wird.
* Ich arbeite unter Druck nicht gut.
* Ich bin nicht gut genug, um mit Erfolg umzugehen.
* Ich fühle mich unsicher mit fremden Menschen.

Affirmationen der Veränderung:
* Ständige Veränderung ist eine Freude in meinem Leben.
* Ich blühe bei neuen Abenteuern auf.
* Ich akzeptiere mich, wenn ich mein Spiegelbild betrachte.

Alzheimer-Krankheit

* Das Leben ist zu schwierig für mich.
* Ich scheine zu niemandem auf diesem Planeten zu gehören.
* Ich wünschte, ich wäre in einer anderen Generation geboren worden.

Affirmationen der Veränderung:
* Ich akzeptiere mich und alle anderen in Gnade.
* Meine Seele ist mein persönlicher Schatz

Amnesie

* Ich wünschte, ich könnte alles vergessen, was mir geschehen ist.
* Bitte, erinnere mich nicht an die Vergangenheit.
* Wenn ich doch nur auf einer einsamen Insel leben könnte.
* Ich kann mich nie verteidigen, mein Hals verschließt sich.

Affirmationen der Veränderung:
* Ich akzeptiere die Realität des Lebens.
* Heute ist der erste Tag meines Lebens.

Anämie (Blutarmut)

* Ich bleibe immer „auf der Kippe" statt Entscheidungen zu treffen.
* Ich fürchte mich vor dem Leben und neuen Gegebenheiten.

Affirmationen der Veränderung:
* Ich feiere meine Fehler und lerne aus ihnen.

Anorexie (Appetitlosigkeit)

* Ich hasse meinen Körper.
* Ich werde von allen abgelehnt.
* Ich fürchte mich, irgendetwas in meinem Leben zu akzeptieren.
* Ich bin es nicht wert, etwas zu empfangen.

Affirmationen der Veränderung:
* Meine Seele weist mich nie zurück.
* Ich bin perfekt für meine Seele.
* Ich bin es wert, Fülle zu empfangen.

Appendizitis (Blinddarmentzündung)

* Ich erlaube mir nie, gute Dinge zu empfangen.
* Ich fürchte mich, an neue Orte zu reisen.
* Ich finde schwer neue Freunde.

Affirmationen der Veränderung:
* Ich heiße den Fluss der Fülle des Lebens willkommen.
* Mein Körper heißt alle Veränderungen im Leben willkommen.

Arthritis

* Ich bin kein guter Mensch.
* Ich bin ein Versager.
* Ich bin es nicht wert, dass sie mich lieben.
* Ich hege Zorn und Groll anderen gegenüber.

* Ich möchte ihnen nicht vergeben. Ich hasse sie.
* Ich bin ein Perfektionist und akzeptiere nichts anderes.
* Ich erwarte von allen, dass sie „so handeln wie ich" und „so sind wie ich".

Affirmationen der Veränderung:
* Ich akzeptiere Erfolg mit Freuden.
* Ich akzeptiere andere Menschen in Gnade.
* Ich feiere all meine Fehler.
* Ich habe an niemanden Erwartungen.
* Ich bin ein nicht perfektes menschliches Wesen.

Asthma

* Ich durfte nie weinen.
* Emotionen auszudrücken ist ein Zeichen von Schwäche.
* Liebe ist für jene, die in der Illusion leben und sich der Wirklichkeit nicht stellen.
* Ich fühle mich blockiert, wann immer ich etwas zu erreichen versuche.

Affirmationen der Veränderung:
* Meine Emotionen sind meine persönliche Kraft.
* Ich bin im Fluss von Wohlstand und Erfolg.

Blase

* Ich erlaube anderen, auf mir „abzuladen".
* Ich fühle, dass alle es besser wissen als ich.
* Ich mache Dinge auf meine Kosten, um anderen zu gefallen.

Affirmationen der Veränderung:
* Ich bin nur für mein Leben verantwortlich.
* Ich akzeptiere mich, wie ich heute bin.
* Aufopfern ist nicht Teil meines Lebens.

Bronchitis

* Ich scheine mich einfach nicht klar ausdrücken zu können.
* Ich habe Schwierigkeiten, mich mit Menschen in Beziehung zu setzen.
* Ich möchte mich nicht in die Gesellschaft einfügen.

Affirmationen der Veränderung:

* Ich spreche immer klar.
* Ich komme gut mit Menschen zurecht.
* Ich bin immer ich selbst.

Brustkrebs

* Es muss mein Fehler sein. Ich bin keine würdige Mutter.
* Er möchte nicht mit mir schlafen. Ich bin als Ehefrau eine Versagerin.
* Meine Brüste sind zu groß. Ich hasse sie.
* Ich bin flachbrüstig. Ich fühle mich nicht mal wie eine Frau.
* Ich.wünschte, ich wäre ein Mann.
* Ich hatte ein Verhältnis. Ich fühle mich schuldig und verdiene es, bestraft zu werden.

Affirmationen der Veränderung:

* Ich bin nur für mich verantwortlich.
* Mein Körper ist perfekt für meine Seele.
* Ich akzeptiere mich als Frau.
* Ich akzeptiere die Wahrheit anderer.
* Ich lerne aus allen Erfahrungen ohne Selbstverurteilung.

Bursitis (Schleimbeutelentzündung)

* Ich möchte, dass mich immer alle mögen.
* Ich spiele in meinem Leben Rollen, um anderen zu gefallen.
* Ich vermeide es, Wut zu zeigen und behalte sie in mir.

Affirmationen der Veränderung:
* Ich kommuniziere gerne mit Menschen und spreche meine Wahrheit gerne aus.
* Ich genieße es, einfach ich selbst zu sein.

Darmprobleme

* Ich möchte an dem, was ich habe und weiß, festhalten.
* Ich scheine nie genug zu bekommen.
* Ich möchte nicht, dass jemand herausfindet, wer und was ich bin.

Affirmationen der Veränderung:
* Ich akzeptiere alle neuen Lebenserfahrungen ohne Angst.
* Ich heiße den Fluss der Veränderung in meinem Körper willkommen.

Diabetes

* Ich erwarte, dass mich die meisten Menschen ablehnen.
* Ich fühle mich in den meisten Situationen nicht wohl.
* Es fällt mir schwer, andere dazu zu bringen, mich zu lieben.

Affirmationen der Veränderung:
* Ich akzeptiere mich in Gnade, so wie ich heute bin.
* Ich bin komplett in meiner Liebe zu mir.

Emphysem

* Ich kämpfe immer um's Überleben.
* Nichts fällt mir leicht zu.
* Ich fühle mich „eingesperrt" in einer ungewohnten Umgebung.

Affirmationen der Veränderung:
* Ich atme im Fluss des Lebens.
* Friede und Freude sind die Ausdrücke meines Lebens.

Epilepsie

* Ich fühle mich ständig überbelastet.
* Ich habe Schwierigkeiten, mich zu etwas zu verpflichten.
* Ich möchte immer die „richtige" Entscheidung treffen.
* Ich fürchte mich immer davor, unsicher zu sein.

Affirmationen der Veränderung:
* Ich komme mit jeglichem Stress leicht zurecht.
* Ich feiere und lerne aus all meinen Fehlern.

Hauterkrankungen

* Ich habe Ängste und Sorgen mein Leben betreffend.
* Menschen stellen immer eine Gefahr für mich dar.

Affirmationen der Veränderung:
* Ich akzeptiere das Leben, wie es sich Tag für Tag für mich entfaltet.

Gallenblase

* Ich höre immer auf andere, nicht auf mich.
* Alle wissen es gewöhnlich besser als ich.
* Ich lasse es immer zu, dass die Menschen sich mir aufdrängen.

Affirmationen der Veränderung:
* „Nein, danke" sind meine Lieblingsworte.
* Ich akzeptiere die Verantwortung für mein Leben.

Gehörprobleme

* Wenn ich nicht darauf achte, geht es vielleicht weg.
* Ich mag keine Überraschungen.
* Sag' ja nichts, was mein Denken verändert.
* Ich kann es nicht ausstehen, wenn mich jemand zweifeln lässt.
* Ich vermeide Unstimmigkeiten und Konflikte.

Affirmationen der Veränderung:

* Ich akzeptiere die Existenz aller Menschen und Dinge ohne Be- und Verurteilung.
* Ich verteidige meine Wahrheit gerne.
* Ich höre gerne unterschiedliche Meinungen.

Genitalien

* Ich wünschte ich hätte keine Geschlechtsorgane.
* Niemand liebt mich wirklich.
* Ich soll „darüber" nicht sprechen.
* Ich wünschte, ich wäre eine Frau.
* Ich wünschte, ich wäre ein Mann.
* Sex ist böse und schmutzig.
* Ich schäme mich meines Körpers.
* Ich verwende Sex nur, um jemanden zu kontrollieren.

Affirmationen der Veränderung:

* Meine Genitalien sind einer der Schätze meines Körpers.
* Ich bin perfekt für meine Seele.
* Mein Körper ist das Werkzeug des Ausdrucks für meine Seele.
* Ich bin stolz auf meinen Körper.

Geschlechtskrankheiten

* Ich fühle mich schuldig, wenn ich Sex genieße.
* Ich schäme mich meiner Genitalien.
* Ich benütze Sex für Macht und Eroberung.

Affirmationen der Veränderung:

* Ich achte alle meine Körperteile.
* Ich akzeptiere mich als komplette/r Mann/Frau.
* Ich drücke meine emotionalen Gefühle in meiner Wahrheit aus.

Glaukom (Grüner Star), Katarakt (Grauer Star), Hornhauterkrankungen

* Ich möchte nicht sehen, was da draußen ist.
* Ich möchte Traurigkeit, Verzweiflung oder Schmerz nicht sehen.
* Wenn ich nicht hinsehe, geht es vielleicht weg.
* Ich möchte nicht voll im Leben stehen.

Affirmationen der Veränderung:
* Ich akzeptiere die Existenz aller Dinge, die ich sehe.
* Ich genieße die Herausforderungen des Lebens.
* Ich akzeptiere die Veränderung in meinem Leben.

Hepatitis, Leber

* Ich opfere meine eigenen Bedürfnisse für andere.
* Ich erlaube anderen Menschen, mir ihren Willen aufzudrängen.
* Ich nehme mir keine Zeit, um zu entdecken, wer ich bin.
* Meine Selbstachtung ist gering.
* Ich treffe emotionale Entscheidungen ohne zu denken.

Affirmationen der Veränderung:
* Ich handle immer in meiner Wahrheit.
* Ich bin nur für mich und meine Wahrheit verantwortlich.
* Mein Körper weist alle Energien des Aufopferns ab.

Herpes

* Immer wenn ich Sex habe, fühle ich mich schmutzig.
* Ich habe keinen wirklichen Wert für meinen Körper oder mich selbst.
* Ich lasse mich von Menschen immer benützen. Was soll's?
* Wer braucht schon Liebe? Ich habe einfach Spaß.

Affirmationen der Veränderung:
* Ich liebe und schätze meinen Körper als Schöpfung Gottes.

* Mein Körper drückt Liebe aus.

Herzerkrankungen

* Ich glaube nicht an Gott.
* So etwas wie eine Seele gibt es nicht.
* Ich halte mein Herz immer mit einer „Mauer" umschlossen, damit niemand herausfinden kann, wie unwert ich bin.
* Ich habe in meinem ganzen Leben nie Liebe gespürt.
* Ich weiß nicht, wie ich glücklich sein soll.
* Ich weine nie.
* Ich mag es nicht, wenn Leute mich umarmen oder berühren.

Affirmationen der Veränderung:
* Ich bin ein Kind Gottes.
* Gott liebt mich.
* Meine Seele liebt mich.
* Ich lasse Freude in mein Leben.

Hoher / niedriger Blutdruck

* Ich nehme mir nie die Zeit um festzustellen, wie ich mich in den meisten Situationen fühle.
* Ich bin innerlich kein friedlicher Mensch.
* Ich kann mich nicht entspannen, ich fühle mich dann schuldig.
* Ich blühe bei Spannung und Stress auf.

Affirmationen der Veränderung:
* Mein Körper ist immer frei von Spannung und Stress.
* Ich genieße die Kunst der Entspannung.
* Ich treffe niemals hastige Entscheidungen.

Hodgkin-Krankheit

* Ich gebe mir immer große Mühe, es allen Recht zu machen.
* Mein Leben ist ein Kompromiss nach dem anderen.

* Ich scheine die Dinge nie einfach nur für mich zu genießen.

Affirmationen der Veränderung:
* Ich bin der wichtigste Mensch in meinem Leben.
* Ich genieße die Handlungen, bei denen ich etwas erreiche und Erfolg habe.

Hyperaktivität

* Ich habe gerne zehn Dinge gleichzeitig zu tun.
* Ich habe nie Zeit einfach nur für mich selbst.
* Alles, was weniger als Perfektion ist, ist Versagen.
* Wenn du je etwas brauchst, dann frag mich nur. Ich setze mich gerne für andere ein.

Affirmationen der Veränderung:
* Ich nehme mir die Zeit, mich selbst zu entdecken.
* Ich lerne immer aus meinen Fehlern.
* Nicht vollkommen zu sein bringt Freiheit des Ausdrucks.

Hypoglykämie

* Ich fühle mich nie ausgeglichen.
* Meine Welt ist immer völlig durcheinander.
* Ich erhalte nie zurück, was ich ausgebe.
* Ich fühle mich in Beziehungen immer betrogen.
* Es ist immer anstrengend für mich, Dinge abzuschließen.

Affirmationen der Veränderung:
* Ich kontrolliere meine Wirklichkeit.
* Ich bin motiviert und erfolgreich.
* Ich schaffe Gleichgewicht in meinen Lebenssituationen.

Hypophyse (Hirnanhangdrüse)

* Man hat mich immer als dumm bezeichnet.
* Immer wenn ich in einer unbekannten Situation bin, wird mein Geist zu Gelee.

* Manchmal denke ich, mein Gehirn ist ständig auf Urlaub.
* Ich habe absolut keine Selbstkontrolle.
* Mich kann jeder von allem überzeugen.
* Ich glaube nicht an Gott.

Affirmationen der Veränderung:
* Ich feiere die Einzigartigkeit meiner Seele.
* Ich lebe in der Fülle des Lebens.
* Ich bin ein Kind des Schöpfergottes.
* Mein Mind ist das Werkzeug meines Ausdrucks.

Ischias

* Ich fürchte mich immer, neue Wagnisse einzugehen.
* Ich „trage" immer die Probleme der anderen.
* Ich fühle mich immer sicher, wenn ich vergangene Erfahrungen wiederhole.

Affirmationen der Veränderung:
* Ich freue mich auf das Unbekannte.
* Ich bin nur für mich selbst verantwortlich.
* Neue Erfahrungen tragen zu meinem Leben bei.

Kolitis (Dickdarmentzündung)

* Ich opfere mich immer für andere auf.
* Ich fühle mich immer schuldig, wenn ich etwas nicht schaffe.
* Ich habe Schwierigkeiten, Entscheidungen zu treffen.

Affirmationen der Veränderung:
* Aufopfern ist nicht ein Teil meines Lebens.
* Ich handle nur in Wahrheit.
* Ich treffe immer klare Entscheidungen.

Krebs

* Ich vergleiche mich immer mit anderen und fühle mich nachher minderwertig.

* Ich hege Wut und Groll gegenüber anderen.
* Ich halte immer an Schuld fest und bestrafe mich.
* Ich bin kein wertvoller Mensch.
* Ich hasse meinen Körper.
* Niemand wird mich je lieben. Ich liebe mich nicht mal selbst.
* Ich beurteile mich und alle anderen.

Affirmationen der Veränderung:
* Ich feiere meine Einzigartigkeit im Leben.
* Ich bin perfekt für meine Seele.
* Ich akzeptiere alle Menschen so, wie sie sagen, dass sie sind.
* Ich stehe in Gnade zu mir und allen anderen.
* Ich akzeptiere und liebe meinen Körper mit all seinen Unvollkommenheiten.

Leukämie

* Ich habe mir gegenüber immer eine hoffnungs- und aussichtslose Einstellung.
* Ich habe nie den Anreiz, Handlungen durchzuziehen.
* Wenn ich vor einem Hindernis stehe, gebe ich sofort auf.

Affirmationen der Veränderung:
* Ich akzeptiere meine Unvollkommenheiten in Gnade.
* Ich bin als Ausdruck meiner Seele einzigartig.
* Gott liebt mich wie ich bin.

Lymphatische Erkrankungen

* Ich achte meinen Körper niemals.
* Ich stelle die Werte anderer über mich.
* Ich übernehme für alle Verantwortung.
* Ich lasse mich von Problemen anderer beeinflussen.
* Ich mache mir um Menschen, die ich liebe, ständig Sorgen.

Affirmationen der Veränderung:
* Ich liebe und achte meinen Körper als das „Haus" meiner Seele.
* Ich bin nur für mein Leben verantwortlich.
* Ich bin die wichtigste Person in meinem Leben.

Mentale Depression

* Was ich als Erfolg wahrnehme, betrachten andere als Versagen.
* Ich beweise mir ständig, dass ich unwert bin.
* Ich ziehe immer „Verlierer" in mein Leben.
* Alles was ich anrühre, wird ein Desaster.
* Warum sich damit abgeben, ich weiß ohnehin, wie es enden wird.

Affirmationen der Veränderung:
* Ich bin ein reicher Mensch.
* Meine Seele liebt mich, wie ich bin.
* Ich lebe in dem Fluss der Fülle ohne Einschränkungen.
* Ich bin Erfolg wert.

Migräne

* Ich spiele mentale Spiele mit den Menschen.
* Ich verstecke mein wahres Selbst gerne vor anderen.
* Ich vermeide alle Situationen mit ungewissen Folgen.
* Schmerz erinnert mich an meine Unfähigkeit, Erfolg zu haben.
* Wenn ich leide, kommen andere zu mir.

Affirmationen der Veränderung:
* Ich feiere alle meine Fehler.
* Ich genieße es, nicht perfekt zu sein.
* Ich gehe auf die Menschen zu.

Milz

* Ich habe einen starken Drang nach Perfektion.
* Meine Persönlichkeit neigt zur Sucht.
* Ich verrenne mich in Dinge, die ich genieße.

Affirmationen der Veränderung:
* Ich akzeptiere die Vielfalt in meinem Leben.
* Unvollkommen zu sein entspannt mich.

Multiple Sklerose

* Ich hege Wut und Groll gegenüber anderen.
* Ich bin kein wertvoller Mensch.
* Ich halte immer an Schuld fest und bestrafe mich.
* Wenn etwas schief geht weiß ich, dass es meine Schuld ist.
* Ich beurteile mich und andere.
* Ich bin immer ein Versager.
* Niemand kann mich lieben, ich hasse mich.

Affirmationen der Veränderung:
* Ich akzeptiere mich und alle anderen Menschen in Gnade.
* Ich akzeptiere all meine Unvollkommenheiten.
* Ich spreche immer meine Wahrheit.
* Meine Seele und Gott lieben mich. Ich bin ein reicher Mensch.

Muskeldystrophie

* Ich bin des Versagens müde, versucht nicht, mich zu ändern.
* Mein Körper lehnt die Kraft des Ausdrucks ab.
* Ich vergleiche mich immer mit anderen.
* Ich erwarte immer etwas von anderen und bin dann desillusioniert.
* Ganz gleich was geschieht, ich will immer mehr haben.
* Ich bin wirklich wütend auf die Welt.

* Ich schaue mich um und ärgere mich über den Erfolg der anderen.

Affirmationen der Veränderung:
* Mein Körper drückt sich in Wahrheit aus.
* Ich bin der „Spiegel" meiner Seele.
* Ich lebe in Freiheit, Friede und Freude.
* Ich trage immer das „Schwert des Mutes".
* Ich liebe meinen Körper und meinen starken Geist/Verstand.

Myopie (Kurzsichtigkeit)

* Ich führe mein Leben immer in einem „Tunnel".
* Ich möchte nicht über die Zukunft nachdenken, das macht mich nervös.
* Es ist mir unangenehm, mich mit dem Unbekannten auseinander zu setzen.

Affirmationen der Veränderung:
* Ich freue mich auf die Zukunft.
* Herausforderungen nähren meinen Geist/Verstand.
* Ich bin nur für mich verantwortlich.

Nebennieren

* Egal was ich versuche, ich bin zum Scheitern verurteilt.
* Ich kann mich nicht entspannen.

Affirmationen der Veränderung:
* Alle meine Handlungen im Leben sind erfolgreich.

Neuromuskuläre Probleme

* Ich bin unsicher in Situationen, die einen unbestimmten Ausgang haben.
* Ich weiß nicht, wie ich mit Erfolg umgehen soll.
* Ich habe einen sehr schwachen Geist/Verstand.
* Ich kann mich nie auf etwas konzentrieren.

* Wenn ich versage, möchte ich mich einrollen und verstecken.
* Ich bin wegen allem wütend auf mich.

Affirmationen der Veränderung:
* Meine Existenz ist die Kraft meines Minds.
* Ich akzeptiere mich heute in Gnade.
* Ich werde von den Veränderungen im Leben genährt.
* Ich bin sicher in der Liebe meiner Seele.

Nieren

* Ich nehme mir nie die Zeit, Handlungen für mich zu überprüfen.
* Ich habe es in meinem Leben immer eilig.
* Ich erlaube anderen, mir ihren Willen aufzudrängen.
* Ich fühle, dass ich den Erfolg nicht wert bin.
* Alle anderen wissen es immer besser als ich.

Affirmationen der Veränderung:
* Ich treffe alle Entscheidungen in meiner Wahrheit.
* Ich bin in all meinem Handeln erfolgreich.
* Ich übernehme die volle Verantwortung für mein Leben.

Osteomyelitis (Knochenmarkentzündung)

* Ich bin ganz allein, ohne irgendwelche Unterstützung.
* Das Leben ist für mich voller Frustrationen.
* Warum bin ich je geboren worden?

Affirmationen der Veränderung:
* Meine Seele ist mein bester Freund.
* Ich bin ein schöpferischer und unabhängiger Mensch.
* Ich genieße es, durch's Leben zu gehen.

Pankreas (Bauchspeicheldrüse)

* Es fällt mir schwer, die Realität meiner eigenen Wahrheit zu akzeptieren.

* Ich zweifle an meiner Fähigkeit, Entscheidungen zu treffen.
* Ich bin ein sehr leichtgläubiger Mensch.
* Ich hasse es, in der Mitte zu sein. Dadurch schwanke ich nur hin und her, also mache ich zu.

Affirmationen der Veränderung:
* Ich schätze meine mentalen Entscheidungen.
* Entscheidungen zu treffen, gibt mir Kraft.
* Ich bin meine innere Wirklichkeit wert.

Parkinson-Syndrom

* Ich werde ihnen nie dafür vergeben, was sie mir angetan haben.
* Sie sind schuld, dass ich versagt habe.
* Alle haben es auf mich abgesehen.
* Ich behalte die Wut in mir, damit mich andere akzeptieren.
* In meinem ganzen Leben hat mir nie jemand Liebe gezeigt.
* Alle haben mir immer gesagt, dass ich ein Versager bin.

Affirmationen der Veränderung:
* Ich akzeptiere alle Menschen in Gnade.
* Ich übernehme die Verantwortung für meine Handlungen und mein Leben.
* Ich lebe in der Gegenwart. Mein Leben ist heute.
* Ich bin so reich, ich habe die Liebe meiner Seele.

Polio

* Ich vergleiche mich immer mit anderen und komme mir betrogen vor.
* Ich bin in meinem Leben übermäßig besitzbetont.
* Ich teile meine Sachen nicht gerne mit anderen.
* Ich sabotiere andere und genieße ihr Versagen.

Affirmationen der Veränderung:
* Ich gehe mit Vorfreude ins Leben.

* Ich bin in meinem Ausdruck einzigartig.
* Ich teile immer die Freuden meines Lebens.

Prostata

* Ich schäme mich für meinen Penis. Er ist viel kleiner als der anderer Männer.
* Aus lauter Scham vermeide ich es, Liebe zu machen.
* Wer braucht schon Sex? Ich genieße ein gutes Gespräch.
* Ich bin zu alt für solche Dinge.
* In meinem Alter sollte ich nicht an Sex denken.
* Als Opfer für Gott bin ich enthaltsam geworden.

Affirmationen der Veränderung:
* Ich ehre und achte meine Körperfunktionen.
* Mein Körper ist ein Werkzeug, um in Wahrheit und Liebe zu teilen.
* Gott akzeptiert mich genauso, wie ich bin.
* Das Leben ist der volle Ausdruck von Liebe.

Psoriasis

* Ich möchte, dass andere für die Ergebnisse meiner Handlungen verantwortlich sind.
* Wenn ich etwas wage, werde ich immer verletzt.
* Ich versuche, meine wahren Gefühle nicht auszudrücken und sage nur, was anderen gefällt.

Affirmationen der Veränderung:
* Ich habe die Kontrolle über mein Leben.
* Ich feiere meine Unvollkommenheiten.
* Ich genieße den ständigen Fluss der Veränderung in meinem Leben.

Rheumatismus

* In meiner Familie drückt nie jemand Zuneigung aus.

* Man gibt immer mir die Schuld für alles.
* Ich weiß nicht warum, aber ich bin immer zornig.
* Liebe ist etwas, worüber ich zu sprechen vermeide.

Affirmationen der Veränderung:
* Ich akzeptiere und liebe meinen Körper.
* Mein Körper nährt meine Seele.
* Ich gehe freudig durch die Abenteuer des Lebens.

Schilddrüse

* Mein ganzes Leben ist eine einzige Frustration.
* Niemand hört je auf meine Bedürfnisse.
* Das Leben ist zu kompliziert für mich.

Affirmationen der Veränderung:
* Leben ist einfache Freude.
* Ich drücke immer das aus, was zur Zeit meine Wahrheit ist.

Sinuserkrankungen

* Bei geringstem Druck verwirrt sich mein Geist/Verstand.
* Es fällt mir schwer, klare Gedanken zu bewahren.
* Unter Stress funktioniere ich nicht gut.
* Ich lasse mich von anderen irritieren.

Affirmationen der Veränderung:
* Ich blühe im Druck des täglichen Lebens auf.
* Ich habe immer die Kontrolle über meinen Mind und meine Gedanken.

Spinalmeningitis

* Alles in meinem Leben ist Chaos.
* Ich halte an alten Vorstellungen und Lebensmustern fest.
* Ich kann nie herausfinden, wer ich bin.

Affirmationen der Veränderung:
* Ich freue mich auf Veränderung.
* Ich bin der Ausdruck meiner Seele.
* Ich akzeptiere das Gleichgewicht des Ausdrucks in meinem täglichen Leben.

Tuberkulose

* Ich trachte immer nach Rache an anderen.
* Meine Träume sind voller Hass und Grausamkeit.
* Ich bin kein verzeihender Mensch.
* Ich möchte was mir zusteht, ganz gleich was es kostet.

Affirmationen der Veränderung:
* Gnade ist mein Passwort im Leben.
* Ich liebe mich und meine Seele.

Ulcus (Geschwür)

* Ich sage nie, was mir im Kopf herumgeht.
* Ich halte meine Wahrheit zurück, um ja an nichts zu rühren.
* Ich fühle mich gewöhnlich geringer als andere.

Affirmationen der Veränderung:
* Ich stelle mich allen Konflikten im Leben.
* Ich sage anderen immer meine Wahrheit.

Wirbelsäule

* Ich fühle mich im Leben nicht gestützt.
* Ich misstraue jedem.
* Ich nehme das Gewicht der Welt auf mich.
* Ich bin in meinem Leben wahren Reichtum nicht wert.

Affirmationen der Veränderung:
* Ich bin der Welt gegenüber in Gnade.
* Ich werde in meinen Lebensentscheidungen gestützt.
* Ich akzeptiere Menschen so, wie sie sind.

Zerebrallähmung

* Ich gebe ganz auf.
* Ich komme in der normalen Gesellschaft nicht zurecht.
* Meine Familie ist mir total fremd und versteht mich nicht.
* Ich fühle mich ganz allein, sogar in meinem tiefsten inneren Sein.

Affirmationen der Veränderung:
* Gott und meine Seele weisen mich nie zurück.
* Ich bin ein strahlender Stern im Leben.
* Ich akzeptiere meine Einzigartigkeit im Leben.

Ich möchte noch einmal betonen, dass die meisten Aussagen Krankheiten betreffend reaktive Muster des Unterbewusstseins sind. Sie entstehen aus bewussten Gedanken, die die Folge von Handlungen sind, die im Leben gemacht wurden oder nicht.

Gnade

Es ist an dieser Stelle angebracht, das Wort Gnade zu definieren, so wie es hier verwendet wird.

Die Menschen sprechen davon, einen Zustand von „bedingungsloser Liebe" zu erreichen. Das klingt recht romantisch, was auch das Problem ist. In unserer Gesellschaft hat Liebe etwas mit unserem emotionalen und sexuellen Ausdruck zu tun. So ist nun mal unser Leben hier. Emotionen und Sexualität sind Schwingungen karmischer Erfahrungen, welche Teil der Evolution auf diesem Planeten sind. In den ewigen universellen Schwingungen existieren sie nicht. Daher können wir in einem physischen Leben hier auf der Erde diesen Zustand nicht erreichen.

Wir können uns jedoch in zwei Ausdrucksformen begeben, nämlich in einen Zustand der Gnade uns selbst und anderen Menschen gegenüber. Gnade heißt für mich folgendes:

Die urteilslose Akzeptanz aller gegenwärtigen Aspekte und Ausdrücke von sich selbst. Das heißt nicht, dass man sich mit dem zufrieden geben muss, wie oder wo man gerade ist. Du hast das Recht, bestimmte Dinge an dir nicht zu „mögen". Der Punkt ist, dass du heute bist, wer du bist. Akzeptiere das, und dann verändere es, wenn du möchtest. Du kannst nichts verändern, dessen Existenz du nicht anerkennst. Verleugnen verhindert Veränderung.

Stelle dich nackt vor den Spiegel. Was siehst du? Das, wer du heute bist! Das ist alles, was du hast. Gefällt es dir nicht? Dann verändere es, aber leugne nicht das, was du siehst. Dann befindest du dich in Gnade zu dir selbst.

Gnade anderen gegenüber bedeutet: „Ich muss dich nicht mögen oder mich mit dir verbünden. Doch ich erkenne dein Recht an, urteilslos das zu sein, was immer du sein magst." Wenn du diesen Zustand der Akzeptanz erreichen kannst, wird sich dein gesamtes Leben verändern. Du wirst von allen frei werden und anderen Menschen erlauben, die komplette Verantwortung für ihr Leben zu tragen.

Der Großteil der Aussagen, die zu den Ursachen von Krankheiten gehören, stammen von einer Programmierung ohne Selbstgnade. Dazu gehören Wut, Verurteilungen, Schuld, Aufopfern, Groll und alle Ausdrücke ohne Gnade für sich selbst und andere.

Wenn es hier auf der Erde so etwas wie „bedingungslose Liebe" gibt, dann ist das Gnade uns selbst und anderen Menschen gegenüber.

Universelle Heilungsgesetze

Die Fähigkeit, Heilungsenergien in deinen Körper zu bringen und an andere weiterzugeben, ist tatsächlich eine „Gottesgabe". Auf einer bestimmten Ebene gibt es zwischen Gott und dir eine ungeschriebene Abmachung. Diese Abmachung hat damit zu tun, dass du diese Energien mit dem Zweck und der Absicht benützt, sie in totaler Integrität zum Wohle und zur Wahrheit anderer einzusetzen.

Vor vielen Jahren, in der frühen Zeit meiner Entwicklung, teilte mir Spirit (die Geistige Welt) mit, dass jeder, der die Heilungsenergien benützt, um sich persönlich zu bereichern, andere durch Macht zu kontrollieren und zu steuern oder um seine Gier zu befriedigen dieses Privileg verlieren wird und ihm die Heilungsenergien Gottes dann nicht mehr zur Verfügung stehen.

Einige Monate später kamen mir im Laufe des Tages folgende Worte in den Sinn: „Die Fähigkeit, Heilungsenergien zu generieren und durch dich an andere weiterzugeben ist ein heiliges Vermächtnis, welches Gott dir gegeben hat. Wenn diese Fähigkeit ohne den Willen Gottes benützt wird, wird diese Kraft dir entzogen werden."

Ich dachte einige Zeit über diese Worte nach und kam zu dem Schluss, dass Spirit mich bloß prüfen wollte. Mein Ego sagte: „Wenn ich diese Kraft einmal habe, dann wird sie nicht mehr weggehen. Sie wird immer mir gehören."

Mit der Zeit vergaß ich dann diese Worte. Eines Tages gab ich eine Heilung und fühlte, wie diese wunderbare warme Energie durch meine Hände in den Körper der Person floss. Plötzlich hörte der Fluss auf. Es war als ob ein Wasserhahn zugedreht worden sei. Es war nichts da, gar nichts mehr. Ganz gleich wie ich mich auch konzentrierte, ich konnte den Energiefluss nicht mehr zustande bringen. Nach einigen Minuten war ich sehr besorgt.

Plötzlich hörte ich in meinem Geist die Worte: „Wenn dir das nächste Mal eines der Gesetze Gottes mitgeteilt wird, dann rate ich dir, darauf zu hören."

Sofort setzte der Energiefluss wieder ein, und ich konnte die Heilung fortsetzen. Ich hatte die Wahrheit der Aussage „Gott gibt, und Gott hat die Macht, wieder zu nehmen" erfahren und erlebt.

In all den Jahren meiner Entwicklung als Heiler hatte ich keine Lehrer. Ich machte jeden nur vorstellbaren Fehler, doch ich lernte. Dadurch kann ich nun die universellen Heilungsgesetze teilen, so wie sie mir im Laufe der vielen Jahre und unter den verschiedensten Umständen übermittelt wurden.

Weil das Leben so vielfältig ist, gibt es viele Ausnahmen zu den Heilungsgesetzen. Das Universelle Gesetz ist flexibel und passt sich an die Bedingungen des freien Willens und der Wahlmöglichkeiten an. Allerdings müssen wir die Verantwortung für das Ergebnis unserer Handlungen übernehmen.

1. „Es ist ausnahmslos niemals angemessen, jemanden mit deinen eigenen persönlichen Energien zu heilen. Wenn du das tust, dann ziehst du dir das Karma der Selbstaufopferung und nicht vorhandenem Selbstwert zu."

Unser Körper ist mit spirituellen Energieempfängern namens „Chakras" ausgestattet. Immer wenn du einen Heilungsprozess beginnen möchtest, dann bitte Gott, die Heilungsenergie in dein „Kronenchakra" zu senden. (Dieses Zentrum befindet sich am vorderen Teil deines Kopfes, etwas hinter dem Haaransatz.)

Denke daran, dass du ein Instrument bist. Gott setzt alle Heilungsenergie in Gang und liefert sie. Würdest du deine eigene Energie zum Heilen verwenden, dann wärst du bald ausgelaugt und anfällig für die Krankheit des anderen.

Wenn du dich nach einer Heilbehandlung müde oder ausgelaugt fühlst, dann ist sie nicht richtig durchgeführt worden. Das wird für dich ein Indikator sein, und dir sagen, ob du im Heilungsprozess deine eignen Energien verwendet hast. Du wirst dann deine Techniken überprüfen und korrigieren. Wenn du deine Heilungen mit dem Licht Gottes durchführst, dann wirst du niemals erschöpft oder müde sein. Indem diese Energie durch dich fließt, erfrischt und stärkt sie dich ständig.

Immer werde ich mich an meinen ersten Heilungsversuch erinnern. Ein Freund hatte Lungenentzündung bekommen und bat mich, ihm eine Heilbehandlung zu geben. Ich fuhr schnell zu ihm, um meine „neuentdeckten Talente" auszuprobieren. (Damals wusste ich noch nichts von Heilungsgesetzen oder -methoden.) Ich fing also an, Energie in seinen Körper zu schicken und die Hitze und die Entzündung herauszuziehen. Als ich fertig war, fuhr ich frohen Mutes nach Hause und hoffte, dass die Heilung erfolgreich gewesen war.

Am nächsten Morgen rief mein Freund mich an und lobte meine Arbeit. Sein Fieber war verschwunden, er konnte frei atmen und seine Lunge schien normal zu funktionieren. Ich musste mich flüsternd für seinen Anruf bedanken, denn ich hatte fast keine Stimme mehr. Über Nacht hatte ich Bronchitis bekommen, und ich war ziemlich krank.

Das war das erste und das letzte Mal, dass ich meine eigenen Energien zum Heilen einsetzte!

Fallbeispiel

In den Vereinigten Staaten gibt es einen Energieheiler, der seit vielen Jahren praktiziert. Ich traf ihn im Jahre 1981 und war verblüfft von dem, was ich sah. Der Mann war fünfzig Jahre alt und hatte gerade eine Bypass-Herzoperation hinter sich. Ferner litt er an chronischer Arthritis der Wirbelsäule, der Knie und Hüften.

Ich konnte seinen Zustand nicht begreifen, doch dann beobachtete ich seine Heilungstechnik. Ich blieb einen Tag bei ihm und schaute ihm dabei zu, wie er die Krankheit der Klienten direkt in seinen eigenen Körper übernahm. Wenn er fühlte, dass der Klient geklärt war, versuchte er, die Krankheitsenergien in seinem Körper umzuwandeln und zu verteilen.

Ich fragte ihn nach den Gründen für diese Vorgangsweise und seine Antwort schockierte mich. Er sagte: „Nur so kann ich mir sicher sein, dass die Person frei von Krankheit ist. Ich heile immer so."

Was sollte ich darauf sagen? Ich lächelte einfach, doch ich wusste nun, warum dieser Mann so krank war. Nach jeder Heilbehandlung blieb ein Rest von Krankheitsenergie in seinem Körper. Das baute sich auf und so wurde er anfällig für Krankheit. Seine eigene unbewusste Botschaft lautete: „Ich opfere mein Wohlergehen für andere Menschen." Dies erzeugt die karmische Schwingung von Selbstbeurteilung.

Manche Menschen nennen so etwas „Heilung durch Glauben". Ich wusste, dass er nicht genug an sich als Instrument zur Übertragung von Gottes Licht glaubte. Er brauchte den Ausdruck der Krankheit, um sich von seinen Heilfähigkeiten zu überzeugen.

Haben wir eigentlich das Recht, Krankheiten aus dem Körper anderer herauszunehmen? Die Antwort ist eindeutig. Die Integrität des Heilens erfordert, dass du dich ständig heraushältst. Der Heiler ist bloß ein Instrument für Energie, nicht mehr. Er ist nicht da, um für den Klienten Entscheidungen zu treffen, sondern ihn zu ermutigen, selbst die Heilungsenergien zu verwenden und ihn dann in seinen Entscheidungen zu unterstützen.

2. „Gottes Zustand der Gnade erfordert, dass du deine Heilungsdienste niemandem aufdrängst oder niemanden ohne seine direkte Zustimmung heilst."

Ein Hauptgrund für dieses Gesetz besteht darin, dass der Heiler von der Verantwortung für die Entscheidung entbunden wird, wer Anrecht auf Heilung hat und wer nicht.

Das universelle Gesetz von „Ursache und Wirkung" erschafft Umstände, durch die jeder um Heilung zu bitten hat. Indem die Person darum bittet oder danach fragt, sagt sie in Wirklichkeit: „Ich glaube an die Fähigkeit Gottes, mich zu heilen, und ich brauche die Krankheit nicht mehr."

Aufgrund des Gesetzes von „Ursache und Wirkung" beginnt die Heilung bereits in dem Augenblick, da die Person danach verlangt. Das Aussprechen der Bitte ist der Ausdruck der Wahrheit und die Heilungsenergie beginnt sogleich, zu der Person zu fließen.

Es gibt einige bestimmte Ausnahmen zu diesem Gesetz:

* Familienmitglieder oder unmittelbare Verwandte.

Familienmitglieder sind normalerweise Teil dessen, was man „Ausdruck von Gruppenseele" nennt. Diese Seelen inkarnieren sich oft gemeinsam und „stimmen zu", in gemeinsame Muster des bewussten Wachstums verwickelt zu werden. Deshalb darfst du hier deine Heilungsdienste aktiv anbieten, um den Fluss und das Gleichgewicht in den „Familien"-Energien aufrecht zu halten.

* Kinder, die zu jung sind, um für ihre Handlungen und die daraus entstehenden Entscheidungen verantwortlich zu sein.

Unter diesen Umständen müssen dich die Eltern, Erziehungs-
berechtigten oder die für das Wohlergehen des Kindes
Verantwortlichen darum bitten.

*Menschen, die zu krank oder zu alt und gebrechlich sind, um
für ihre bewussten Entscheidungen verantwortlich zu sein.*

Unter diesen Umständen müssen dich die für die Person
Verantwortlichen in ihrem Namen um die Heilung bitten. (Die
Vorgangsweise bei solchen Behandlungen wird im Abschnitt
über Fernheilung einzeln erklärt.)

Ich habe schon gesehen, wie Heiler auf jemanden zugehen und
sagen: „Ich fühle, dass dir irgendetwas fehlt. Ich werde das in
Ordnung bringen." Dann fangen sie an, ihre Hände auf die
Person zu legen und versuchen, eine Heilung vorzunehmen.

Niemand hat das Recht, so etwas zu tun. Wir alle möchten gerne
helfen, wenn wir es können, doch wir müssen auch daran
denken, dass jedermann das Recht hat, ohne beurteilt zu werden,
dort zu sein, „wo er es sich ausgesucht hat". Das ist manchmal
schwierig. Wir möchten den Menschen gerne helfen, doch wir
müssen losgelöst und objektiv bleiben und andere einfach in
ihrer Wahl der Lebenserfahrung unterstützen. Das Gesetz muss
immer respektiert und befolgt werden.

Wenn du dich jemandem aufdrängst, dann gehst du das Risiko
ein, jemanden heilen zu wollen, der vielleicht nicht daran glaubt.
Der Person ist es womöglich einfach zu peinlich, dein Angebot
abzulehnen. Wenn so eine Situation auftritt, dann wird ihr
Körper automatisch die Energie abstoßen. Der Körper bleibt in
dem Ausdruck, den der bewusste Mind diktiert und wünscht.
Außerdem könnte ein Aufdrängen auch Angst verursachen,
wodurch negative Energie entsteht, die auf dich gerichtet ist und
dich nachteilig beeinflussen kann.

Folgende Situation könnte auftreten. Ein erwachsenes Familienmitglied wird krank und weiß, dass es dich um eine Heilbehandlung bitten könnte, doch es sagt nichts. Was sollst du nun tun? Ich schlage vor, dass du eine Weile beobachtest was geschieht. Du könntest eine Heilbehandlung anbieten, doch vielleicht muss die Person eine zeitlang „krank sein". Vielleicht braucht sie für ein paar Tage ein wenig liebevolle Pflege und Zuwendung. Wenn du das spürst, dann lass sie und liebe sie einfach.

Denke daran, dass du hier bist, um den Bedürfnissen der anderen zu dienen. Dann wirst du trotz des Gefühls, dass du jetzt helfen könntest, die Kraft haben, nicht aus deinen Emotionen heraus zu handeln.

Die Durchschnittsperson kennt die Heilungsgesetze nicht und weiß nicht, dass sie um eine Heilbehandlung zu bitten hat. Wenn eine solche Situation auftritt, kannst du der kranken Person durch einen Dritten diese Vorgangsweise mitteilen lassen. Dadurch kann der einzelne seine Entscheidung aus freiem Willen heraus treffen, ohne irgendeine Beeinflussung oder Eingreifen deinerseits.

Du musst daran denken, dass du es mit kosmischem Licht und universellem Gesetz zu tun hast. Dies sind die sensitivsten und reinsten Energien. Jede Abweichung kann zu einer Verzerrung und damit zu unwirksamen Heilungsergebnissen führen.

3. „Versuche niemals, eine durch karmische Handlungen hervorgerufene Krankheit zu heilen, wenn nicht vorher die mögliche Ursache des bestehenden Zustands gefunden und akzeptiert worden ist. "

Wenn jemand sich spirituell einen Zustand erschaffen hat, kann dieser nicht gelöst werden, bevor die mögliche Ursache anerkannt worden ist und die Person ihr „ich möchte wieder ganz sein" ausgesprochen hat. Wenn du in eine solche Situation eingreifst, dann begibst du dich in eine Position, in der du die Person und ihre vergangenen Handlungen be- und verurteilst.

Der Körper „hört" immer auf die Einflüsterungen des Mind. Wenn der Mindgedanke ein Ausdruck von Unwertsein ist und durch Wiederholung verstärkt wird, dann „erschafft" der Körper dieses Unwertsein, um die Übereinstimmung mit dem Mindgedanken aufrecht zu halten. Dies erzeugt die karmische Erkrankung und bleibt so lange aufrecht, so lange die Gedankenmuster im Bewusstsein bleiben.

Es muss beachtet werden, dass eine bewusste Selbstbeurteilung oft vergessen wird. Das kann gefährlich sein. Die Gedankenenergie kann leicht auf unterbewusste Ebenen übertragen werden und dort als „Schatten" bleiben. Wenn das geschieht, verstärkt sich die Erkrankung und das Verhaltensmuster beginnt, andere Aspekte der Persönlichkeit zu beeinflussen.

Wenn du versuchst, eine Heilbehandlung „einfach so" ohne bewusstes Verstehen und Annehmen zu geben, dann kann das nicht erfolgreich sein. Der Körper wird die Energie als eine Art von Eingreifen in seine programmierte „Wahrheit" betrachten und abstoßen.

4. „Versuche nicht, jemanden mit Gottes Energien zu heilen, wenn er nicht an Gottes Existenz als Schöpfer glaubt."

Wenn du versuchst, jemanden zu heilen, der gesagt hat, dass er nicht an Gott glaubt, dann wird sein Körper die Energien abstoßen. Seine Chakras oder spirituellen Energiezentren werden nicht offen sein. Das Licht und die Essenz Gottes werden nicht eintreten können. Das ist das Gesetz.

Wenn ich auf jemanden treffe, der sagt, dass er nicht an Gott glaubt, dann achte ich ihn, indem ich nichts darauf sage. Ich lächle nur innerlich, denn ich weiß, was geschehen ist.

In all den Jahren, in denen ich mit Menschen zu tun gehabt habe, ist mir noch niemand untergekommen, der nicht wirklich an Gott glaubt. Manche Menschen sagen „Ich glaube nicht an Gott", doch in Wirklichkeit tun sie es.

Wie ich mir da so sicher sein kann? Ich prüfe das Kronenchakra. Wenn es offen ist, glaubt die Person an Gott, auch wenn sie bewusst etwas anderes sagt.

Im Laufe unseres Lebens der Polaritäten hier auf der Erde muss jeder mindestens einmal in seinem Leben „Gott verleugnen". Man kann nur dann eine wahre und wirkliche Wertschätzung für Gott haben, wenn man, auch nur für kurze Zeit, ohne Gott gelebt hat. Dies ist der Ausdruck des Gewichts und des Gegengewichts im Leben.

Weil es nur sehr wenige absolute Dinge gibt, triffst du vielleicht eines Tages auf jemanden, der in seinem Leben wirklich ohne Gott ist. Ich hoffe, dass das niemals geschieht, doch wenn es passiert, kannst du diesen Menschen folgendermaßen dienen.

Jeder hat das Recht auf Heilung. Wenn du eine Heilung verweigerst, dann be- und verurteilst du die Person. Du kannst sie allerdings nur mit sogenannter „Auraenergie" heilen. Dies ist die Energie, aus der die Aura oder das Energiefeld um den physischen Körper herum besteht.

Bei dieser Heilanwendung berührst du die Person nicht körperlich. Du bewegst die Hände langsam entlang des Körpers, vom Kopf bis zu den Füßen. Deine Hände befinden sich mindestens 15 cm vom Körper der Person entfernt, und du folgst den Umrissen des Körpers. Dies belebt die Energie um den Körper herum und energetisiert die Person. Das Endergebnis kann mit dem Staubsaugen eines Teppichs verglichen werden, wenn der im Laufe der Zeit angehäufte Schmutz entfernt wird.

5. „Wenn du bewusst die Krankheit einer anderen Person übernimmst, um sie zu heilen, dann nimmst du eine Wertung deiner Seele vor. In dem Augenblick erzeugst du dir eine schwere karmische Erfahrung."

Deine Hauptverantwortung besteht immer für dein eigenes Wohlergehen. Wenn du fühlst, dass du jemandes Krankheit übernehmen musst, um ihn zu heilen, dann drückst du damit mangelndes Vertrauen in deine Heilerfähigkeiten aus.

Das schwächt dich, öffnet dein Immunsystem für Krankheiten und kann letztendlich die Dauer deines gesunden Lebens verkürzen. Niemand kann ständig Krankheitsenergien in sein eigenes System aufnehmen und die Garantie haben, dass sie in „reine Energien" umgewandelt werden.

Es besteht immer die Gefahr von Energierückständen, die einen empfänglich für viele körperliche Erkrankungen machen.

6. „Es ist nicht in Ordnung, jemandem eine Heilbehandlung zu geben, der unter dem Einfluss von Alkohol oder bewusstseinsverändernden Substanzen steht."

Heilen ist ein Prozess, der den Heiler und den Empfänger betrifft. Beide müssen während des Heilprozesses die totale Kontrolle über ihre mentalen Fähigkeiten besitzen. Wenn der Heiler seinen Mind nicht unter Kontrolle hat, kann er die Energie nicht effektiv an einen bestimmten Körperbereich leiten. Wenn der Empfänger keine Kontrolle über sich hat, dann wird er große Schwierigkeiten haben, die Energie zu akzeptieren und zuzulassen, dass eine Erkrankung geheilt wird.

Manchmal kann der Heiler dadurch in eine unangenehme Situation geraten. Was ist, wenn jemand für eine

Heilbehandlung zu dir kommt und zum Mittagessen einige Gläser Alkohol getrunken hat? Das kann für dich peinlich werden, doch du kannst bei deiner Wahrheit keine Kompromisse eingehen. Du musst die Regeln erklären und die Person bitten, später zu kommen, wenn sie keinen Alkohol getrunken hat. Die meisten werden das verstehen und dir dankbar sein, dass du in deiner Integrität bleibst.

Wenn du hier einen Kompromiss eingehst, und der andere dir leid tut, dann ist das nicht in Ordnung. Wenn du im Dienste bist, dann darfst du nie die Reinheit der Bedingungen für das Heilen aufgeben. Wenn du es einmal tust, dann wirst du immer wieder in Versuchung kommen.

7. „Bei den Heilungsenergien Gottes muss ein Gleichgewicht geschaffen werden, der Austausch der Vollendung, um zu gewährleisten, dass der Prozess abgeschlossen ist."

Dieses Heilungsgesetz besteht deshalb, damit sichergestellt wird, dass der Prozess vollendet und ausgeglichen wird, um voll wirksam sein zu können. Es muss immer so etwas wie einen „gleichwertigen Austausch" von Energien geben. Dies gewährleistet das Gleichgewicht der Energien zwischen dem Heiler und dem Empfänger. Wenn das nicht stattfindet, dann könnten sich die Heilungsenergien verstreuen und ihre Wirksamkeit verlieren.

Der Austausch muss nicht notwendigerweise aus Geld bestehen. Er kann auch in Form von Dienstleistungen oder Waren bestehen, doch es muss einen Austausch geben. Dies kann gar nicht genug betont werden.

Fallbeispiel:

Ein Psychiater rief mich an und erzählte mir, dass seine Frau seit Jahren besessen sei. Er hatte sie zu einem spirituellen Heiler gebracht, der ihm $ 5.000 für eine Heilbehandlung verrechnet hatte, um seine Frau von der Wesenheit zu befreien. Als er mir das erzählt hatte, wusste ich, dass die Heilung nicht funktioniert hatte. Ich sagte ihm, dass der Austausch nicht in Ordnung und nicht im Gleichgewicht war.

Er fragte, ob er seine Frau zu mir bringen könne und wieviel ich verlangen würde. Ich antwortete: „Was immer Sie als gerechten Austausch betrachten." Er ließ sich darauf nicht ein und versuchte, einen festen Betrag zu verhandeln. Schließlich sagte ich ihm, dass vielleicht $100.000 nicht zu viel sei, da doch Gesundheit keinen Preis habe. Am anderen Ende des Telefons herrschte Stille und ich wiederholte mein anfängliches Angebot: „Was immer Sie als einen fairen Austausch betrachten."

Er brachte seine Frau, und ich konnte ihr helfen, wieder gesund zu werden. Als wir fertig waren, fragte er, was er mir schulde. Ich lächelte und wiederholte meine Aussage. Er sagte: „Sind $100 angemessen?" Ich sagte, dass wenn er fühle, dass $ 100 einen Ausgleich bilden, dann sei das für mich in Ordnung. Er war zufrieden und alles war abgeschlossen.

Es spielt keine Rolle, woraus der letztendliche Austausch besteht. Jemand teilt $ 5 mit dir und es bedeutet für ihn mehr als wenn jemand anderer dir $ 500 gibt. Alles ist relativ gemessen an dem Wert des Austausches im Mind des Klienten. Das wichtige Element besteht hier darin, dass die Heilung mit einem Gleichgewicht des Austauschs besiegelt wird.

Die Heilungsgesetze sind geschaffen worden, um den freien Willen der Menschheit zu schützen. Dieser kann niemals von jemand anderem eingeschränkt oder verletzt werden. Indem der freie Wille geschützt wird, wird die Ordnung der fortschreitenden universellen karmischen Evolution der Erde aufrecht gehalten.

Viele Heiler fühlen, dass sie bloß ein „Gefährt" für die Heilungsenergien sind und keine Verantwortung für die möglichen Wirkungen und Ergebnisse tragen.

Ich kann dieser Aussage nicht ganz zustimmen. Der Heiler kontrolliert zwar nicht das Ergebnis der Heilung, doch er ist dafür verantwortlich, was er mit den Energien macht. Der Heiler ist ein integraler Bestandteil des Heilungsprozesses, ganz besonders dann, wenn er um die Gesetze der spirituellen Heilung weiß.

Ein Teil der Verantwortung des Heilers besteht darin, ausgeruht, frei von Alkohol oder chemischen Substanzen zu sein und die entsprechenden Bedingungen für den Heilungsprozess vorher festzusetzen.

Es ist sehr schwierig, sich immer an die Heilungsgesetze zu halten. Versuchungen und das Ego sind eine ständige Gefahr für den Heiler. Nimm dir die Zeit, um deine Rolle und Verantwortung im Heilungsprozess voll zu verstehen.

Das Konzept des Lebens auf der Erde umfasst den freien Willen eines jeden. Es wird immer Zeiten geben, da du die Krankheit bei jemandem akzeptieren musst, wenn es seine Wahl ist, und wissen, dass er es sich ausgesucht hat.

Fernheilung

Wie der Begriff schon andeutet, handelt es sich bei Fernheilung um eine Energieprojektion an eine Person, einen Ort oder ein Ding. Es handelt sich dabei um folgende Empfänger:

1. Eine Person, die nicht in deiner physischen Gegenwart ist
2. Einen anderen geographischen Ort
3. Eine Situation, die zur gegebenen Zeit an einem anderen Ort stattfindet
4. Eine Person in deiner Gegenwart, die nicht um Heilung gebeten hat

5. Tiere, Pflanzen oder andere Geschöpfe Gottes, die keine menschlichen Seelen haben.

Bevor wir zu den einzelnen Beispielen kommen, gibt es bestimmte spirituelle philosophische Aspekte, die man als Teil dieses Vorganges bedenken muss.

Dein jetziges Leben ist von deiner Seele ausgesucht worden. Sie ist hier, um durch dich in Erfahrungen verwickelt zu werden, durch die sie auf ihrem ewigen Streben nach Evolution wächst. Aus diesem Grund ist es für dich wichtig zu verstehen, dass es die Inkarnation oder das Leben der Seele ist und nicht deines! Du bist die bewusste Persönlichkeit, durch die sich deine Seele ausdrücken kann. Du bist derjenige, dessen Handlungen und Entscheidungen zum Endergebnis deiner Seelenevolution für dieses Leben beitragen.

Die Seele ist der subtile unbewusste Faktor, der dich, die Person, sanft in jene Verstrickungen lenkt und führt, die letztendlich die entsprechende reaktive Energie zu ihrer Existenz hinzufügt.

Mit diesem Verständnis als Fundament können wir nun erkennen, dass Erkrankung oder Wohlergehen immer in Einklang mit der Göttlichen Ordnung und dem Zweck der Seele stehen müssen.

Wenn jemand, der nicht bei dir anwesend ist, ganz gleich von wo eine Fernheilung von dir möchte, dann schicke die Heilungsenergie ausnahmslos immer an die Seele der Person und nicht an die Persönlichkeit. Bei diesem Gesetz gibt es keine Ausnahme. Indem du so verfährst, drängst du einer Person niemals Heilungsenergien auf. Du stellst sie der Seele zur Verfügung, und diese kann sie „nach ihrem Gutdünken" verwenden.

Die Seele muss der bestimmende Faktor sein. Die Seele muss entscheiden, ob eine Erkrankung noch gebraucht wird oder nicht. Der Seele muss gestattet werden, ihrem Handlungsplan zu folgen, den die Persönlichkeit erleben soll, und sie muss daraus ihre Schlussfolgerungen ziehen dürfen.

Wenn du Heilungsenergien an die Persönlichkeit eines Kranken schickst, dann machst du damit eine Beurteilung. Es ist, als ob du sagen würdest: „Ich habe entschieden, dass du gesund werden musst."

Das ist absolut nicht in Ordnung. Du kannst nicht jemanden aufgrund deiner eigenen Entscheidungen heilen. Du bist hier, um den Menschen durch ihre Seele zu dienen und nicht mehr.

Wenn du anfängst, Fernheilungen zu übertragen ist es hilfreich zu wissen, wie die Person aussieht, oder als Assoziationshilfe ein Foto von ihr zu haben.

Folgende Vorgangsweise wird empfohlen:

Lege dich hin und bringe dich in einen leichten Entspannungszustand. Sage dir, dass du nur deinen physischen und deinen Emotionalkörper entspannst. Indem du stille wirst, wird dir eine größere Fähigkeit zur Konzentration und dein Mind bewusst. Wenn du dir deines Minds bewusst geworden bist, dann erschaffe ein gedankliches Bild von der Person und spüre ihre Energien mit deinem Mind. Wenn du dir die Person nicht vorstellen kannst, dann mache folgende gedankliche Feststellung: „Ich bin hier, um mir der Energien von _____ (Name) bewusst zu werden."

Liege einige Minuten still da und erlaube dir, deinen Mind langsam zu aktivieren. Öffne mit bewusstem Atem dein Kronenchakra. Ziehe Energie in das Chakra und schicke sie von diesem spirituellen Zentrum aus in dein Gehirn.

Du wirst langsam spüren, wie sich eine Energiemasse wie eine Kugel der Kraft in deinem Mind aufbaut. Indem die Energie wächst, mache die folgende Aussage: „Ich projiziere die

Heilungsenergien Gottes zur Seele von _____ (Name). Die Seele möge diese Energien nach ihrem eigenen Gutdünken und für die Göttliche Ordnung ihres gegenwärtigen Zweckes verwenden. Wenn es in der Ordnung der Seele liegt, dann erlaube _____ (Name), Gottes Energien zu empfangen, so dass eine Heilung stattfinden kann."

Konzentriere dich still und projiziere die Lichtkugel von deinem Mind an die Seele der Person. Fühle, wie sie dich mit dem Ausatmen verlässt und versuche zu spüren, wie eine Verschmelzung der Energie mit der Seele der Person stattfindet. Wenn du spürst, dass die Verbindung erfolgt ist, dann entspanne dich und öffne langsam die Augen. Der Prozess der Fernheilung ist damit abgeschlossen.

Ich habe eine allgemeine Methode der Fernheilung beschrieben. Es wird Zeiten geben, da Ausnahmen auftreten, doch die meisten Fernheilungen werden so stattfinden können.

Fallbeispiele:

1. Vor einigen Jahren erzählte mir eine Freundin, dass ihre Schwester einen inoperablen Gehirntumor habe. Sie hatte nur noch drei Monate zu leben. Meine Freundin bat mich, ihrer Schwester eine Fernheilung zu schicken. Ich sagte ihr, dass die Schwester mich gemäß der Heilungsgesetze selbst darum bitten müsse.

In der darauffolgenden Woche erhielt ich einen schönen Brief von der Schwester. Sie schrieb, dass sie nichts von meiner Arbeit wisse, doch dass sie an die Heilkraft Gottes glaube. Sie habe in ihrem Leben noch viel zu erledigen und bitte mich um die Fernheilung.

Daraufhin sandte ich die Fernheilung und einige Wochen später erhielt ich einen Anruf von dieser Frau. Sie war überglücklich.

Ihr Arzt hatte ihr gesagt, dass der Tumor total zurückgegangen sei und dass ihr Leben nicht mehr in Gefahr sei.

Fünf Jahre später erzählte mir meine Freundin, dass ihre Schwester wieder einen Gehirntumor habe, und sie bat mich, ihr noch eine Heilung zu schicken. Ich antwortete, dass es mir leid tue, doch das könne ich nicht tun. Ihre Schwester kannte die angemessene Vorgangsweise und hatte mich wegen des neuen Problems nicht kontaktiert.

Ich sagte ihr, dass ihre Schwester diesmal bereit sei, das Leben hier zu verlassen und zu Gott zurückzukehren. Wenn nicht, hätte sie mich kontaktiert und mich gebeten, ihr wieder zur Seite zu stehen. Dies war eine der Situationen, da der Heiler sich vollkommen heraushalten und objektiv bleiben muss und die Heilungsgesetze nicht verletzen darf. Das geht leichter, wenn wir uns daran erinnern, dass das Leben hier auf der Erde das Leben der ewigen Seele ist. Die Persönlichkeit ist bloß ein vorübergehender Ausdruck, der der Seele und ihrer Entwicklung dient.

2. Ein Ehepaar bat mich um Heilung für ihr Kind, welches an zerebraler Kinderlähmung erkrankt war. Ich kam ihrer Bitte nach, da das Kind zu jung war, um für eine solche Entscheidung die Verantwortung zu übernehmen (siehe Heilungsgesetze). Eine Woche lang schickte ich der Seele des Kindes jeden Tag Heilung. Am letzten Tag empfing ich intuitiv eine „Botschaft", dass mich die Seele des Kindes für die Energie segnete. Sie informierte mich auch, dass sie für dieses Leben absichtlich diesen körperlichen Zustand oder Behinderung ausgesucht habe und dass sie das ganze Leben in diesem Zustand bleiben würde.

Dies wirft ein wichtiges Thema auf. Hatte ich das Recht zu sagen „Ich werde dieses Kind weiter heilen", oder sollte ich die Seele achten und mit den Heilungen aufhören? Ich musste die Seele achten. Mir gefiel diese Entscheidung nicht, denn ich wollte dem Kind helfen, doch ich musste das Universelle Gesetz befolgen.

Innerlich wusste ich, dass die Heilung dem Kind nicht geholfen hätte, gesund zu werden. Ich traf die Eltern und erkläre ihnen schonend die Umstände. Ich sagte ihnen, dass ihr Kind einen wichtigen Zweck auf der Erde habe. Das Mädchen war hier, um den Menschen zu helfen, sie zu lieben und sie nicht zu bedauern, sie so zu akzeptieren wie sie war, jenseits des behinderten Körpers zu blicken und ihre Seele zu spüren und zu lieben.

Die Eltern verstanden, und von nun an begann die ganze Familie, von dem Kind zu lernen. Sie fingen an zu sehen, was Liebe wirklich ist, hörten mit den Selbstverurteilungen auf, den Schuldgefühlen und dem Ausdruck von Schuldzuweisungen und Mitleid.

Es dauert viele Jahre, bis man den Ausdruck der Fernheilung voll und ganz beherrscht. Man muss in einem Zustand des absoluten „Wissens" sein, dass der Ausdruck des Minds die Ergebnisse erzeugt. Bis du dieses Maß erreicht hast, „hoffst" du, du versuchst zu glauben, dass es funktioniert. Wenn du WEISST, verändert sich alles, und du bist eins mit deinem Mind und dem Universellen Licht.

Jemand ruft dich zum Beispiel an und verlangt eine Fernheilung. Wenn du dich in einem Zustand des „Wissens" befindest, dann brauchst du bloß das Bedürfnis anzuerkennen und zu sagen: „Betrachte es als geschehen." Dies ist letztendliches Heilen. Du „weißt", dass Heilen die Polarität einer Aufforderung und einer Reaktion ist, und unter den Bedingungen der Aktion der Aufforderung und der Reaktion des Anerkennens ist das Gleichgewicht wieder hergestellt.

Um diesen Zustand des „Wissens" zu erlangen, braucht es viele Jahre Übung und die Bestätigung durch Heilungsergebnisse. Je größer deine Erfolge, desto weniger Zweifel treten bei dir auf. Es kommt die Zeit, da du „weißt", dass eine Bitte oder Aufforderung und eine Antwort heilt.

Fernheilung steht jedem zur Verfügung. Wenn du eine behinderte Person auf der Straße siehst, dann hab den Gedanken, ihrer Seele Heilungsenergie zu schicken.

Wenn du an einem Unfall vorbeikommst, dann schicke allen beteiligten Seelen Fernheilung. Wenn jemand im Krankenhaus ist, schicke der Seele vor und nach einer Operation Energie, um den Heilungsprozess zu beschleunigen.

Vielleicht ist das ultimative Beispiel, das ich teilen kann, der Fall einer Frau, deren Kind eine ernste Nervenentzündung bekommen hatte. Sie bat mich, ihrem Kind Heilung zu schicken. Ich sagte ihr, sie solle sich jeden Abend um sechs Uhr mit ihrem Kind hinlegen, und ich würde sieben Tage lang mit Heilungsenergie „dort" sein.

Am nächsten Tag hatte ich den Anruf bereits vergessen. Eine Woche später rief sie mich wieder an, um mir für die Heilungen zu danken. Sie sagte, dass sie meine Gegenwart gespürt hatte, und jeden Tag zur vereinbarten Zeit sei eine Energiewelle gekommen.

Nach unserem ersten Gespräch hatte ich nichts weiter bewusst getan, doch ich „wusste", dass meine Absichtserklärung Ergebnisse bringen würde.

Mache den Zustand des „Wissens" zu deinem letztendlichen Ziel in deiner Kontrolle des Minds und deines emotionalen reaktiven Systems. Solange du die Heilungsenergie an die Seele schickst, wird alles immer in Ordnung bleiben. Je länger du mit Heilungen zu tun hast, desto mehr erkennst du, dass dein Dienst einen doppelten Ausdruck hat. Du dienst der Person und der Seele.

Manchmal ist es schwierig, den Sinn und Zweck von bestimmten Krankheitsausdrücken nicht zu hinterfragen. Wir möchten, dass alle gesund sind. Wenn du weißt, dass in der letztendlichen Wahrheit das Leben ein Abenteuer der Seele ist, dann wirst du immer die Stärke haben, nicht nach dem Wie und Warum zu fragen, sondern immer im Universellen Gesetz zu bleiben.

Unübliche Heilungsenergien

Es kann mitunter schwierig sein, ungewöhnliche Energie-zustände zu verstehen und als Ausdruck des Lebens zu akzeptieren. Für so viele Zustände haben wir keine bewusste Erklärung, doch wenn wir es mit Energie zu tun haben, dann zeigen uns die reaktiven Ausdrücke bestimmte Bereiche und Ursachen von fehlgeleitetem Verhalten.

Wenn du Menschen unterstützen kannst, diese Verzerrungen der Energie zu verstehen und auszugleichen, dann erweist du ihnen als Heiler einen großen Dienst.

Anfangs muss allerdings festgehalten werden, dass der Großteil der Menschen von diesen Lebenszuständen nicht betroffen ist. Es wird allgemein akzeptiert, dass jeder im Laufe seines Lebens mit dysfunktionalem Verhalten in Berührung kommt. Wir alle haben schon einige der Symptome erlebt, die ich beschreiben werde. Normalerweise setzen wir uns im täglichen Leben damit auseinander.

Die hier beschriebenen Zustände haben sich durch konstantes Ausleben und ständige Wiederholung zu akzeptierten Energie-mustern entwickelt. Es gibt drei unterschiedliche Kategorien von Verzerrungen, die bewusst erzeugt und ausgelebt werden. Jede kann im Leben der Person größere Probleme bewirken, wenn sie nicht erkannt und behandelt werden.

1. Energieinvasion von Gedankenformen

2. Selbstbesessenheit

3. Seeleninvasion oder Besessenheit

Energieinvasion durch Gedankenformen

Jedes Mal wenn jemand einen negativen Gedanken dir gegenüber oder über dich ausdrückt, erschafft er eine „Energiezelle" der Negativität. Dies wird zu dir projiziert und tritt in deine Aura oder dein äußeres Energiefeld ein. Wenn du dich von diesen Worten oder Handlungen berühren lässt, können die „negativen Energiezellen" in deinen physischen Körper eintreten. Du „öffnest" somit eine Tür und lädst diese Negativität ein, in dich zu kommen. Sie sucht sich dann ein „Zuhause", entweder in deinem Solarplexus oder deinem zweiten Chakra. Diese Zentren sind die hauptsächlichen Lagerstätten im Körper für emotionale Energien und Energien des Wertseins.

Wenn die einer Person auferlegte Negativität nicht gelöst wird, dann bleibt sie im Körper „lebendig". Mit jedem ähnlichen Vorfall gewinnt diese negative Energie dann mehr Macht. Im Laufe der Zeit kann sich diese Energiemasse zu dem entwickeln, was wir eine „schwarze Schlange" im Körper nennen. Die Auswirkungen im Leben können zu einer ungesunden Einstellung und Problemen in Beziehungen führen.

Wenn jemand eine negative Kindheit ohne Liebe oder dem Ausdruck des Wertseins erlebt hat und ein Opfer von wiederholtem Fehlverhalten war, dann könnten solche Energien erzeugt worden sein. Wenn sie in den Körper eingedrungen und dort geblieben sind, könnte der normale Lebensausdruck verändert worden sein.

Im Laufe der Entwicklung und mit zunehmenden Erlebnissen von Versagen oder geringer Selbstachtung, könnten diese Energien immer stärker werden. Mit der Zeit würde das eine ernsthafte Auswirkung auf bewusste Verhaltensmuster zeigen.

Die häufigsten Symptome dieser Zustände sind:

* Geschwüre
* Kolitis
* Ständiges Gefühl des Unwertseins
* Anderen den Erfolg missgönnen
* Jähzorn oder Depression
* Alpträume
* Allmähliche Veränderung von Verhaltensmustern

Wenn es negative Energie in der Aura um den Körper herum gibt, dann entfernt ein „Ausstreichen" der Aura die Energie, bevor sie in die Körperstruktur eintreten kann. Wir alle nehmen im täglichen Umgang mit Menschen etwas an Negativität auf.

Man spürt das ganz leicht, wenn sich der Körper am Ende eines Tages etwas müde oder schwer anfühlt.

Zum „Ausstreichen" oder Reinigen der Aura wird folgende Vorgangsweise empfohlen: Die zu behandelnde Person steht ruhig mit geschlossenen Augen da. (Dadurch kann sie die Energie fühlen, während du die Heilung vornimmst.) Habe den mentalen Gedanken, dass deine Hände als Magnete dienen, um die negative Energie aus der Aura heraus bis zu deinen Handflächen zu ziehen.

Indem du abgrenzt und sagst, dass die negative Energie bis zu deinen Handflächen kommt, verhinderst du, dass sie in deinen Körper geht. Es ist wichtig, dies bei allen Heilungen so festzulegen. Wenn die Heilung abgeschlossen ist, reibe deine Hände aneinander und habe den Gedanken, dass du alle Energie in Licht umwandelst, und alles wird in Ordnung sein.

Bei der Heilung fängst du oben am Kopf an, indem du beide Hände ungefähr fünfzehn Zentimeter vom Körper entfernt hältst. Bewege die Hände langsam der Körperlinie folgend nach unten. In deinem Mind ist noch immer die Bedingung, dass deine Hände Magnete sind, die die negative Energie herunterziehen. Wenn du den Boden erreichst, reibe deine Hände aneinander und wandle die Energie um.

Stelle dich nun seitlich zur Person und wiederhole den Vorgang. Streiche die Aura von vier Positionen rund um den Körper aus. Transformiere nach jeder Position die Energie um, die du zum Boden heruntergezogen hast. Der gesamte Vorgang dauert bloß fünf Minuten. Wenn du fertig bist, sollte sich die Person „leichter" und flexibler in ihren normalen Körperbewegungen fühlen.

Um festzustellen, wo im Körper die negative Gedankenenergie sitzt, wird folgende Vorgangsweise empfohlen:

Die zu heilende Person liegt. Halte deine Hände mit der Handfläche nach unten ungefähr sieben Zentimeter über den Körper. Deine mentale Absicht besteht darin, die Körperenergie auf deinen Handflächen zu "fühlen", ohne dass diese Energie in deinen Körper eintritt.

Bewege deine Hände ganz langsam über die gesamte Länge des Körpers und versuche, Bereiche zu lokalisieren, wo aus dem Körper Hitze an deine Hände gelangt.

Durch diese Untersuchung kannst du die Stellen der negativen Gedankenenergie besser eingrenzen.

Um die „Hitzeenergie" zu entfernen, ist folgendermaßen vorzugehen:

a) Die zu heilende Person soll tief durch den Mund atmen. Beim Ausatmen soll sie sich vorstellen, wie sie die Energie den gesamten Körper hinunteratmet.

b) Lege deine Hände auf die Stelle der "Hitze"-Energie und beginne, sie langsam zu massieren, so als ob du einen Teig kneten würdest. Verdichte die Energie langsam zu einer kleinen Kugel. Mit einem Gedanken, mache deine Hände zu

Magneten und ziehe sie direkt aus dem Körper an deine Handflächen.

c) Halte die „Energiekugel" in den Händen, habe den Gedanken, sie in Lichtenergie umzuwandeln und lasse sie los.

d) Lege deine Hände auf die Körperstelle und fange an, Heilungsenergie dorthin zu senden. Dies wird das Entfernte mit Positivem ersetzen.

e) Lass die Person Gedanken- und Liebesenergie hineinatmen, um in diesem Bereich ein neues Muster des Wertseins und der Selbstannahme zu etablieren.

Meiner Erfahrung nach fühlt sich der Körper an der jeweiligen Stelle für einige Tage empfindlich an. Manche Menschen machen einen Reinigungsprozess ähnlich einer Grippe durch. Dies ist eine Form der Entgiftung und bringt den jeweiligen Körperbereich wieder ins Gleichgewicht.

Selbstbesessenheit

Diese Form von Energieverzerrung wird häufig für Seeleninvasion oder Besetztheit gehalten. Die Symptome sind oft ähnlich, dadurch ist es schwierig, den bestehenden Zustand genau zu bestimmen.

Jeder führt ab und zu „Selbstgespräche". Wir haben Fantasien, Tagträume und erschaffen uns zauberhafte Illusionen, die wir so wunderbar finden. Manchmal machen wir uns sogar eine „kleine Stimme" in unserem Kopf, damit wir Entscheidungen leichter treffen können. Das ist nichts Bedenkliches, tatsächlich hilft es unserer Kreativität und motiviert uns, neue Ziele zu erreichen. Sehr oft unterstützen uns Selbstgespräche, die richtigen Entscheidungen in Lebensfragen zu treffen.

Manchmal generieren wir in unserem Geist negative Gedanken. Wir können uns dafür entscheiden, diese negativen Gedanken zu benützen, um Situationen und Handlungen aus dem Weg zu gehen. Indem wir das tun, können wir das Risiko von Fehlern oder Erfahrungen des Misserfolgs eliminieren.

Wir lassen uns von der „Stimme" genau das sagen, was wir hören wollen. Das ist perfekt, denn nun müssen wir nicht mehr uns selbst die Schuld geben, wenn wir etwas falsch machen. Das Problem kann nun beginnen, in unseren Gedankenmustern Wurzeln zu schlagen. Wenn jemand anfängt, sich auf diese „innere Stimme" zu verlassen und von ihr abhängig zu werden, kann er ein richtiges Alter-Ego erschaffen. Das kann zu einem dualen Ausdruck oder einer gespaltenen Persönlichkeit führen.

Die wahre Gefahr besteht, wenn die „innere Stimme" immer mächtiger wird. Dadurch könnte eine Person ihre freie Wahl und die Verantwortung für ihre eigenen Entscheidungen aufgeben. Die „innere Stimme" könnte an Kraft gewinnen und zum dominierenden Faktor des bewussten Ausdrucks werden. Wenn das der Fall ist, kommt es zu einer gespaltenen Persönlichkeit.

Es ist hier äußerst wichtig zu bedenken, dass es keine äußeren Energieeinflüsse gibt, die ein Problem oder einen unangemessenen Zustand erzeugen. Alles ist aus dem Inneren der Person aktiviert worden und ist in sich geschlossen.

Wegen dieses Umstandes, gibt es nichts zu entfernen. Es ist keine Energieheilung notwendig, um die Situation zu korrigieren. Alles „gehört" der bewussten Persönlichkeit.

Das Hauptaugenmerk bei der Heilung richtet sich auf Beratung. Das Ziel besteht darin, das innere Gleichgewicht wieder herzustellen und dem bewussten Mind zu erlauben, alle Gedanken und Entscheidungsprozesse zu steuern und zu kontrollieren.

Wenn dir eine Person sagt, dass sie „Stimmen" in ihrem Kopf hört, dann bitte sie, die Gedanken und Worte zu beschreiben. Aus dem Gespräch heraus wirst du erkennen können, ob das großteils selbst erschaffen wurde. Wenn das so ist, dann empfehle ich folgende Vorgangsweise für die Behandlung von Selbstbesessenheit.

1. Du musst schonend erklären, dass dieser Zustand selbstgemacht ist. Ohne die „Erlaubnis" der Person, könnte der Zustand nicht existieren. (Viele Menschen nehmen an, dass eine äußere Kraft ihnen dies antut.)

2. Die Person muss willens sein, ihr Leben wieder in die Hand zu nehmen und für die Ergebnisse aller Handlungen verantwortlich zu sein. Wenn sie dem nicht zustimmt, dann kannst du nichts mehr für sie tun.

3. Wenn alle Bedingungen verstanden und akzeptiert worden sind, erkläre folgendes:

Jedes Mal wenn die Person eine „Stimme" hört, soll sie sie unterbrechen und sagen: „Geh weg, ich brauche dich nicht mehr." Am ersten Tag muss sie diese Worte vielleicht hundertmal wiederholen. Das spielt keine Rolle. Sie muss viel Kraft und Entschlossenheit besitzen, wenn sie wieder ganz werden will.

Am zweiten Tag wird sie die „Stimme" weniger oft hören. Mit jedem Tag wird es weniger und weniger werden. Nach dreißig Tagen sollte die „Stimme" vollkommen verschwunden sein. Jedes Mal wenn die Person die „Stimme" zurückweist, programmiert sie ihr Unterbewusstsein neu und fordert wieder die Kontrolle über ihren bewussten Mind.

Dies wird nicht leicht für sie sein. Es braucht viel Mut und Kraft, um ein unterbewusstes Programm zu negieren, doch es ist die erfolgreichste Methode, die ich kenne, um wieder die bewusste Kontrolle über sein Leben zu übernehmen.

4. Sage der Person, dass du ihr für die Dauer ihres Prozesses als Unterstützungssystem zur Verfügung stehst. Es ist wichtig, dass sie dies weiß. Etwas zu verändern, erzeugt viel Unsicherheit, und deine Ermutigung hilft ihr, den Prozess abzuschließen.

Seeleninvasion oder Besetzung

Definitionsgemäß handelt es sich dabei um das Eintreten einer Seele in den physischen Körper einer Person, um die Kontrolle über den bewussten Mind und das Leben zu übernehmen. Man könnte es auch so ausdrücken: „Solange die Aura einer Person versiegelt ist, können keine äußeren Energien oder andere Seelen in sie eindringen." Wenn man die bewusste Kontrolle über sich hat, kann nichts in den Körper eindringen!

Aus diesem Grund passieren die meisten Besetzungen an Orten, wo Menschen gesellschaftlich zusammenkommen und zu viel trinken, ganz besonders in Klubs oder Bars. Betroffen sind auch Orte, wo Rauschmittel, chemische Substanzen oder Drogen exzessiv verwendet werden.

Seelen, die auf der Suche nach einem zu besetzenden Körper sind, halten sich meist an Plätzen auf, wo Menschen die totale Kontrolle über den bewussten Mind und den Willen verloren haben. Dadurch wird das „Siegel" der Aura geschwächt, und die fremde Seele von außen kann in den physischen Körper eintreten.

Menschen, die ihr Leben in Lüge und ständigem Aufopfern ihrer eigenen Werte und Wertvorstellungen leben, können das Siegel ihres Aurafeldes und der Schutzenergie ebenfalls schwächen.

Es gibt viele Situationen, die dazu führen können, dass eine Besetzung stattfindet. Die häufigsten sind:

1. Jemand stirbt plötzlich und unerwartet. Das kann für die Seele ein Schock sein. Sie hat keinen Körper und kein Leben

mehr. Das Emotionsmuster ist noch immer aktiv, und die Seele sorgt sich noch um die Familie, das Geschäft, das Haus etc.

Sie gerät vielleicht in Panik und sucht sich einen Körper, um ihn zu „übernehmen" und ihr geplantes Leben fortzusetzen.

2. Eine Seele ist wütend und möchte diese Wut ausleben. Sie wird dann in einen Körper treten und starkes zerstörerisches Verhalten ausdrücken. Sie beabsichtigt, die ursprüngliche Seele hinauszudrängen und den Körper und das Leben für ihre Zwecke zu verwenden.

3. Viele Besetzungen finden statt, weil es einer Seele hier auf der Erde einfach gefällt, und sie die emotionale Lebensebene nicht verlassen möchte. Sie tritt in einen Körper ein, findet eine „sichere" Stelle und versteckt sich dort friedlich. Sie greift in das Leben der Person nicht ein und bleibt so lange unbemerkt, wie sie es möchte.

4. Der Großteil der Besetzungen geschieht durch Seelen, die das Leben hier auf der Erde fortsetzen möchten. Sie möchten keinen Schaden anrichten, doch mit der Zeit übernehmen sie immer mehr Kontrolle über den bewussten Mind und das Leben.

Jede Art von Besetzung verstößt gegen das Universelle Gesetz des bewussten Lebens. Die Seele generiert dadurch in ihrer Energiestruktur ernsthafte karmische Reaktionen. Eine solche Tat ist eine totale Verurteilung, denn sie greift in den Lebensweg einer inkarnierten Seele ein und zerstört ihn.

Wie weiß man, ob jemand besetzt ist? Die meisten Menschen, die mit diesem Problem zu mir kommen haben das Gefühl, „dass jemand in mir drinnen ist". Es kommt sehr selten vor, dass jemand absolut keinen Verdacht hegt.

Es gibt bestimmte Signale, die auf eine Seeleninvasion hindeuten:

* Aus den Augen kommt Wut oder Hass
* Vermeiden von Augenkontakt
* Andauerndes manisch-depressives Verhalten
* Plötzliche Wutausbrüche
* Ständige Selbstmordgedanken
* Ständige Angstzustände
* Häufiges unmotiviertes aggressives Reden
* Ständige Anwesenheit von negativen und zerstörerischen Gedanken
* Gegenwart von negativen „Stimmen", deren Kraft immer mehr zunimmt.

Jetzt, da du die Liste gelesen hast, frage dich nicht, ob das auf dich oder deine Bekannten zutrifft. Bitte verstehe, dass jeder im Laufe des Lebens und in gewissem Maße täglich diese Ausdrücke lebt.

Der Zustand einer Seeleninvasion oder einer Besetzung betrifft nur einen sehr kleinen Prozentsatz. Es handelt sich nicht um einen Zustand, den man regelmäßig vorfindet. Ich selbst treffe vielleicht auf vier oder fünf solche Fälle pro Jahr, und ich habe es mit Hunderten von Menschen zu tun.

Wenn du zu dem Schluss gekommen bist, dass eine Person von einer anderen Seele „übernommen" wurde, dann musst du mit Beratung beginnen. Es gibt einige entscheidende Fragen zu stellen, und das hilft dir dabei, den Geisteszustand der betroffenen Person festzustellen und auch ihre Aussichten für die Zukunft.

1. Ist der Mensch wirklich bereit, wieder Kontrolle über sein Leben zu übernehmen?
2. Möchte er wirklich von der Seelenbesetzung befreit sein?
3. Gefällt es ihm, in Gesellschaft der anderen Seele zu sein?

4. Kann er im täglichen Leben für seine Handlungen und Entscheidungen Verantwortung übernehmen?

Ich möchte auch betonen, dass es einige Menschen gibt, die diese Gegenwart in sich drinnen genießen. Sie sind einsam, und nun haben sie endlich jemanden. Wenn sie glücklich sind, so wie sie sind, dann lasse sie. Sie haben das Recht, ihre Wahl im Leben zu treffen. Wenn du in so einem Fall die Besetzung entfernst, dann wird sie zurückkehren, sobald die Person dich verlassen hat.

Die wichtigste Frage ist: „Bist du bereit, frei zu sein und Verantwortung für dein gesamtes Leben zu übernehmen?" Wenn die Menschen bei der Beantwortung dieser Frage zögern, dann lass sie nach Hause gehen und entscheiden, was sie wirklich möchten. Du wirst überrascht sein, wie viele die Besetzung „behalten" wollen. Für solche Menschen füllt das eine Leere in ihrem Leben. Sie möchten ihr Leben nicht in der Wirklichkeit der Gesellschaftsstruktur leben und ausdrücken.

Wenn die Person nun ein wahres Bedürfnis nach Befreiung ausgedrückt hat und dich als Werkzeug dazu haben möchte, dann schlage ich folgende Vorgangsweise vor.

Wenn eine Person von einer anderen Seele übernommen worden ist, dann ist es immer hilfreich, jene Körperbereiche zu lokalisieren, wo eine Konzentration dieser Seelenenergien vorherrscht. Je mehr du vorab weißt, desto zuversichtlicher wirst du beim Klärungsprozess sein.

Besetzende Seelen konzentrieren sich gewöhnlich in den Ausdruckszentren des Körpers. Auf diese Weise halten sie eine Verbindung zum emotionalen System der Person aufrecht. Diese Verbindung „füttert" sie und stärkt sie in ihrer Macht.

Hier folgt eine Liste jener Zentren, die eine größere Konzentration von besetzenden Energien aufweisen.

* Der Genitalbereich oder das Basischakra

* Das zweite Chakra oder das emotionale reaktive Zentrum
* Brustgewebe
* Kehle und Hals
* Solarplexus
* Oberschenkel
* Knie

Die Person legt sich nun auf den Rücken, und du nimmst dir Zeit, sie in einen entspannten und friedlichen Zustand von Körper und Geist zu bringen.

Es ist nun auch an der Zeit, die Bedingungen für die Klärung festzustellen. Stelle dich neben die Person, schließe die Augen und stelle diese Bedingungen still und mit der Kraft deines Minds fest.

1. Bitte Gott, dir genügend Macht zu senden, um die Seele, die den Körper besetzt hat, zu entfernen.
2. Bitte Gott, dich mit Licht zu schützen und deine Aura gegen Besetzung zu schützten und zu versiegeln.
3. Bitte deine spirituellen Meister, bei dir zu sein und dich im Prozess zu unterstützen.
4. Bitte die spirituellen Meister der besetzenden Seele anwesend zu sein und die Seele auf jene Ebene des Himmels zu führen, wo sie geheilt wird.

(Dies ist sehr wichtig, denn dadurch wird sichergestellt, dass die entfernte Seele nicht in den Erdenschwingungen bleibt und sich an jemand anderen anhaftet.)

Du musst dir auch darüber bewusst sein, dass du die besetzende Seele nicht verurteilen darfst. Du kannst nicht wütend sein oder bei der Entfernung Negativität anwenden. Der Prozess muss mit Gefühlen der Liebe und Gnade durchgeführt werden.

Dies kann nicht genug betont werden. Ein solcher Vorgang erfordert vollkommene Losgelöstheit und die Einstellung beiden

Seelen zu dienen. Wenn das nicht der Fall ist, wirst du den Prozess nicht abschließen können. Wenn du Angst hast, dann ermächtigst du die besetzende Seele, und sie wird deinen Entfernungsversuchen erfolgreich widerstehen.

Nun zum Klärungsprozess:

Lege deine Hände auf die Knöchel der Person und bewege sie ganz langsam und sanft den gesamten Körper hinauf bis zum Scheitel. Dies wird gemacht, um Energie in den Körper zu schicken und ihn für die Entfernung der besetzenden Seele vorzubereiten.

Kehre nun zurück zu den Knöcheln und halte sie mit leichtem Druck fest. Fokussiere deinen Mind, mache deine Hände zu Magneten und setze die Bedingung, dass du die Energie der besetzenden Seele den ganzen Körper hinauf und oben durch den Kopf hinausziehen wirst. Fange bei den Knöcheln an und beginne ganz langsam, die Energien immer höher und höher am Körper hinaufzuziehen.

Wenn du die Schultern erreicht hast, dann halte die Energie mental dort. Lege deine Hände an die Finger der Person und ziehe die Energie den Arm hinauf und füge sie der anderen Energie hinzu. Mache das gleiche mit dem zweiten Arm.

Nun ist es an der Zeit, die letzten Bedingungen für die Klärung festzulegen. Indem du die Energien weiter hinauf zum Kopf ziehst, sage folgendes: „Wenn ich bis drei gezählt habe, wird die Seele aus dem Körper draußen sein und von ihren spirituellen Meistern aus der Erdenschwingung hinaus zu der Ebene des Himmels gebracht werden, wo sie geheilt werden kann."

Wenn du den Kopf erreichst, beginnst du zu zählen. Wenn du bei drei bist, halte die Seele in deinen Händen und lasse sie symbolisch zu den Meistern los, die da sind, um dir zu dienen und der Seele zu helfen. Die Klärung ist somit geschehen.

Berühre sofort mit einer Hand die sieben Chakras der Person und versiegele sie. Decke die Person zu und lass sie zwanzig Minuten ruhen. Halte ihre Hand, rede ruhig und sanft mit ihr, sprich ihr Mut und Stärke zu.

Nun, da die Klärung erfolgt ist, ist es Zeit für das Gleichgewicht deiner Arbeit. Die Gegenwart der fremden Seele hat in der Person Chaos verursacht und das gesamte Energiesystem geschwächt. Es liegt in deiner Verantwortung, die Kraft der Energiemeridianstruktur wieder aufzubauen.

Lege eine Hand auf das Kronenchakra und sende zwei Minuten lang Licht in das Chakra. Tue das gleiche bei den sechs anderen Chakras. Lege deine Hand dann wieder auf das Kronenchakra und bewege sie langsam den Körper hinunter. Dadurch verbindest du alle Chakras miteinander. Führe dies insgesamt sieben mal durch. Der Zweck davon ist, alle Chakras auf eine Linie zu bringen und einen ausgeglichenen Fluss durch das Immunsystem sicherzustellen.

Ferner wird empfohlen, falls möglich, mindestens eine Woche lang täglich eine Heilung vorzunehmen. Dies stärkt ebenfalls das gesamte Energiemeridiansystem.

Wegen der entfernten Seele wird der Körper sich nun zu entgiften beginnen. Die Person kann Grippesymptome entwickeln, leichtes Fieber bekommen, Bauchweh, etc. Das hilft bei der Reinigung und Entgiftung des Körpers und trägt zum inneren Heilungsprozess bei.

Manchmal ist jemand von mehr als einer Seele besetzt. Das kommt zwar nur sehr selten vor, doch es ist dennoch möglich. Wenn jemand besetzt worden ist, und „die Gesellschaft genießt", dann „lädt" er andere ein, auch zu kommen. Das ist eine Realität!

Eine Frau mit sechsunddreißig Seelen in sich kam einmal zu mir. Sie war mit ihren „Freunden" glücklich, kannte sie alle mit

Namen, wusste um ihre Vorlieben und Abneigungen. Sie füllten die Leere in ihrem einsamen Leben. Sie kam zu mir, als sie bereit war, sie aus ihrem Leben gehen zu lassen, und ich erfüllte ihren Wunsch.

Wenn du eine Klärung durchführst, dann ist das nicht schwieriger, als diese Worte zu lesen. Es ist nicht wie im Kino. Du wirst nur selten auf Widerstand treffen und wirst sicherlich keinerlei Gewalt erleben. Es wird wie eine Heilung sein, ruhig und friedlich.

Da dies vielleicht eine neue Erfahrung für dich ist, rate ich dir, bevor du es selbst durchführst, öfter bei jemandem zuzusehen, der in solchen Bereichen Erfahrung hat. Dadurch kannst du den Prozess beobachten, ohne innere Ängste oder Abneigungen dafür zu entwickeln.

Im Laufe der Jahre habe ich einige hundert solcher Klärungen durchgeführt. Ich habe niemals Gewalt oder versuchte Angriffe erlebt. Solange du die empfohlenen Schutzbedingungen festlegst und in Gnade bleibst, wirst du keine Probleme oder Schwierigkeiten haben.

Fallbeispiel:

Vor vielen Jahren rief mich ein Mann aus Kalifornien an, dessen Frau seit einigen Jahren das Verhalten einer gespaltenen Persönlichkeit zeigte. Es war bereits so fortgeschritten, dass sie versucht hatte, das Haus anzuzünden und sich umzubringen. Bevor er sich an mich gewandt hatte, war er mit ihr bei einem Hypnotiseur gewesen. Unter Hypnose hatte die besetzende Seele die Kontrolle übernommen und zu dem Hypnotiseur gesprochen. Der Mann hatte nicht gewusst, was er tun sollte und hatte die Sitzung abgebrochen.

Nun hatte er sich an mich gewandt und brachte seine Frau zu mir. Sie war zwar sehr gefasst, doch in einem Zustand starker

Verwirrung. Ich brachte sie in tiefe Entspannung und bat die besetzende Seele, zu mir zu sprechen. (Ich schildere hier die relevanten Teile des Gesprächs.)

Es handelte sich um eine sehr zornige Seele, die die Seele der Frau beschuldigte, in einer vergangenen Inkarnation für ihren Tod verantwortlich gewesen zu sein. Sie hatte nun die Frau besetzt, um sie aus Rache zu zerstören. Ich sagte der Seele, dass dies gegen die Universelle Ordnung verstoße, dass ich sie aus dem Körper der Frau entfernen und an einen Ort schicken würde, wo sie Liebe empfangen würde. Die Seele fragte mich: „Was ist Liebe?"

Als ich ihr Liebe und den Vorgang erklärte, stimmte die Seele zu, friedlich wegzugehen. Und genau das geschah auch.

Nach der Klärung setzte sich die Frau auf, lächelte und sagte: „Ich fühle mich wie neu geboren." Ich schloss den Heilungsprozess wie oben beschrieben ab und schickte sie nach Hause. Noch viele Jahre lang schickte mir das Ehepaar Weihnachtskarten. Es geht ihr jetzt gut, und sie führt ein produktives Leben.

Dieser Fall war bereits an einem kritischen Punkt und sehr fortgeschritten, und dennoch gab es keine Gewalt. Alles verlief in Frieden, Liebe und Gnade.

Für mich hatte ein wahres Wunder stattgefunden. Ich finde keine Worte, um das Gefühl der Demut auszudrücken, das ich angesichts der Gegenwart von Gottes Licht empfand. Sehr oft hat eine solche Klärung jemanden davor bewahrt, in eine Nervenheilanstalt zu kommen, und immer ist Gleichgewicht ins Leben zurückgekehrt.

Wenn du es mit Heilung zu tun hast, dann erinnere dich stets daran, dass du den Seelen dienst. Es kann keine Verurteilung oder Zorn geben, ganz gleich welches Verhalten auch an den Tag gelegt wird. Du kannst dir nicht erlauben, dass dir jemand leid tut, dass du Mitleid für ihn empfindest. Du bist da, um den Leuten zu dienen. Bleibe losgelöst und erfülle deine Verpflichtung, die du den Universellen Heilungsgesetzen gegenüber hast.

Alle Heilungen müssen mit dieser Einstellung durchgeführt werden, wenn du wirklich anderen dienen und in der Wahrheit deiner Seele und Gottes gehen willst.

Wenn du in der Gnade bleibst, wirst du keine Probleme oder Schwierigkeiten haben.

Unfälle

Ein Unfall entsteht aus den Folgen von unerwarteten Handlungen, zum Beispiel man stolpert und verstaucht sich den Knöchel. Die Handlung ist das Gehen, und das Verstauchen des Knöchels ist die unerwartete Folge, die normalerweise nicht zum Gehen gehört. Oder man versucht ein Bild aufzuhängen und schlägt mit dem Hammer auf den Daumen statt auf den Nagel.

Manche bezeichnen solche Situationen als „Sofortkarma". Für mich ist das eine Illusion und nicht Wirklichkeit. Man verstaucht sich den Knöchel, weil man nicht achtet, wo man hintritt. Man schlägt sich auf den Daumen, weil man einen Nagel nicht richtig einschlagen kann. Wir müssen auch realistisch bleiben, nicht alles im Leben hat einen spirituellen, karmischen Zweck.

Wenn wir akzeptieren können, dass das Universum immer in totaler Göttlicher Ordnung ist, dann müssen wir auch glauben, dass es spirituell gesehen keine Unfälle gibt. Dies führt zu der Feststellung, dass ewige spirituelle Energie auch in Göttlicher Ordnung sein muss.

Von dem Augenblick an, da eine Seele von Gott erschaffen wird, folgt sie einem anhaltenden Plan der Entwicklung. Wir können das mit unserem Bildungssystem vergleichen, wo ein Kind viele Schulklassen durchlaufen muss. In den verschiedenen Schulen erwirbt das Kind Wissen und entwickelt eine Philosophie der Wahrheit und des Ausdrucks. Wir nennen das den „karmischen Weg der Entwicklung". Als Ergebnis dieser Erfahrungen und der Ausbildung entscheidet die Seele über ihre Interpretation des Universellen Gesetzes.

Dadurch, dass so viele Menschen zu mir für Heilungen oder zu Ausbildungen gekommen sind, glaube ich fest daran, dass man spirituell gesehen zum richtigen Zeitpunkt zu Menschen, an Orte, und zu den Umständen gezogen wird, die man erfahren und erleben soll. Man wird zu Lehrern geführt, die zum eigenen Wachstum beitragen, aber auch zu solchen, die für einen nicht gültig sind. Durch diese Polarität kann man erfahren, unterscheiden und seine eigene Wahrheit formulieren. Die gleiche Formel ist auf das physische, emotionale, mentale und spirituelle Wohlergehen anwendbar.

Es gibt viele spirituell orientierte Menschen, die an gar keine Form von „Unfällen" glauben. Sie glauben, dass jede Handlungen, sowohl physisch als auch spirituell, von der Göttlichen Ordnung „orchestriert" wurde.

Für mich ist das in der Wirklichkeit unserer inhärenten Gesetze des „freien Willens" und der „Wahlmöglichkeiten" immer schwer zu akzeptieren gewesen. Alle Handlungen haben direkt mit der Energie von Karma, nämlich Erfahrung, zu tun. Das ergibt Sinn. Eine Aktion führt zu einer Reaktion, die wiederum zu einer Erfahrung, oder Karma, führt. (Diese beiden Worte sind wirklich austauschbar.) Jede Erfahrung wird zu einer „Lektion", wenn du aus dem Ergebnis davon etwas lernen möchtest. Durch diese Entscheidung wächst die karmische Erfahrung bezüglich der Wahrheit der jeweiligen Aktion.

Unsere emotionale Energie und deren Ausdruck sind nur vorübergehende Werkzeuge. Sie sind auf die Erdenebene und das Muster des karmischen Lebens auf der Erde „beschränkt". Jenseits der Erdenenergie (auf den Astralebenen) gibt es keine emotionalen Energien. Sie sind reine „Werkzeuge" für die karmische Erfahrung und die Evolution auf der Erde. In den äußeren Dimensionen sind die reinen Energien der Göttlichen Ordnung, sonst nichts.

Ist es wirklich ein Unfall, wenn

* Du betrunken mit dem Auto in mich fährst?
* Du mental instabil bist und auf mich schießt?
* Du mich bestiehlst?
* Du mich kündigst, um einem Verwandten meinen Job zu geben?

Vielleicht können wir in Betracht ziehen, dass ich unter solchen Umständen zu einem „Opfer deines freien Willens" geworden bin.

Die Gesetze des freien Willens auf der Erde sehen vor, dass wir uns unterschiedlich ausdrücken und Erfahrungen machen können. Wir werden vom freien Willen eines anderen beeinträchtigt, wenn er uns ohne unsere Zustimmung oder Einwilligung auferlegt wurde. Der freie Wille ist nicht ein Teil des Seelenausdrucks. Er ist auf die bewussten karmischen Erfahrungen des Lebens auf der Erde beschränkt.

Die Folgen der obigen Fragen erschufen karmische Erfahrungen als Ergebnis von Aktionen. Sie waren nicht die Ursache der Aktionen.

Fallbeispiele:

1. Im Jahre 1974 überquerte die damals dreizehnjährige Tochter einer Freundin die Straße und wurde von einem Auto überfahren und getötet. Am nächsten Tag kam ihre Seele zu mir und sprach zu mir. Sie sagte, dass sie eigentlich nicht hätte sterben sollen. Sie hatte die Erfahrung, für die sie hier hergekommen war, noch gar nicht begonnen. Die Seele sagte: „Es war ein Unfall". Sie kehrte in einigen Monaten wieder auf die Erde in ein neues Leben zurück.

2. Während einer Meditation wurde ich von der Anwesenheit einer mir fremden Seele „unterbrochen". Seine Energien kamen in meine Gedanken. Er war verängstigt und verwirrt. Er sagte, er habe ein Geräusch gehört, und plötzlich habe er keinen Körper mehr gehabt. Er hatte in Irland gelebt und war während eines Aufstandes getötet worden. Die Seele befand sich in einem totalen Schock. Er sagte, dass er so viel für das Leben geplant gehabt habe und noch viele Jahre hätte leben sollen.

Im Laufe der Jahre hatte ich noch viele ähnliche Erfahrungen. So viele Seelen haben schon gerufen: „Es war ein Unfall, es hätte mir nicht passieren sollen." Die große Zahl von ähnlichen Fällen hat mich von der Wirklichkeit von physischen Unfällen des freien Willens überzeugt.

Ein Kind, das zu jung ist, um für seine „Lebenshandlungen" verantwortlich zu sein, ist immer dem freien Willen seiner Eltern ausgesetzt. Ein kranker oder sehr alter Mensch ist dem freien Willen der Menschen unterworfen, die ihn pflegen oder sich um ihn kümmern.

Mit der Zeit, da spirituelle Bewusstheit in unser Leben tritt, erfahren wir ein vollkommen anderes Lebensmuster. Spirituell gesehen glaube ich, dass es keine Unfälle gibt. Wenn wir verstehen, dass die wahre, ewige Existenz der Seele in spiritueller Energie besteht, dann können wir die Göttliche Ordnung aller Dinge und Energien im Universum verstehen. Unter dieser Voraussetzung können spirituelle Unfälle nicht passieren, da das Universum immer in vollkommener Ordnung sein muss.

Ich glaube, dass wir die Menschen kennenlernen, die wir kennenlernen sollen. (Die einzige Variable ist die Zeit.)

Ich glaube, dass wir an die Orte gehen, die wir erfahren sollen.

Ich glaube, dass wir bestimmte Berufe ausüben, um zu wachsen und zu lernen.

Der Schlüssel ist immer die Zeit. Für die Seele, das Universum und die ewige Existenz gibt es keine Zeit wie wir sie kennen. Die Energie ist einfach. Keine Vergangenheit, keine Zukunft, das ist unbekannt. Alles existiert jetzt als Energie, ist ewig und konstant. Es verblasst oder verschwindet nicht.

Wenn du das Konzept der ewigen Zeit annehmen kannst, dann verringert sich der Druck im Leben, und du fängst an zu verstehen, dass es keine Rolle spielt, wann die Dinge geschehen, sondern nur dass sie im Laufe deines Lebens geschehen.

Es ist wichtig gewesen, das Thema Unfälle zu behandeln, damit du die Ursachen von Erkrankungen oder Körperverletzungen genauer bewerten kannst. Dadurch kannst du in deinen Beratungs- und Heilsitzungen die passenden Methoden für Energiebehandlungen besser auswählen.

Karmische Behinderungen

Bevor wir diesen Lebensbereich genauer behandeln, ist es wichtig, folgende Aussagen zu machen.

Ich kann die Gedanken und Gefühle, die ich in diesem Kapitel ausdrücken werde, nicht beweisen. Was ich vermittle, ist die Philosophie, die ich nach vielen Jahren der intensiven Beschäftigung mit Menschen und ihren Lebenssituationen akzeptiert habe. Jeder muss in diesen ungewöhnlichen Lebensumständen seine eigene Wahrheit und sein Wohlbefinden entwickeln. Wenn ich vielleicht auch nur einen Gedankenprozess bei dir in Gang setze, hat dieses Kapitel seinen Zweck bereits erfüllt.

Eine karmische Behinderung ist ein körperlicher, mentaler oder emotionaler Zustand, der von Geburt an existiert und für den Rest des Lebens aufrecht bleibt.

Es ist wichtig, meine Verwendung des Wortes „Karma" zu klären. Viele interpretieren es als eine Art Bestrafung einer Handlung aus einem vergangenen oder dem gegenwärtigen Leben. Würden wir das so akzeptieren, dann hieße das auch, dass wir Verurteilung und Bestrafung in unserem Leben akzeptierten.

In meiner Philosophie bedeutet das Wort „Karma" einfach "Erfahrung" und nichts sonst. Es schwingt nichts Negatives oder Positives mit, einfach nur eine Lebenserfahrung. Wenn wir handeln, erschaffen wir eine Erfahrung oder Karma, aus dem heraus wir entscheiden sollen, „Was ist meine Wahrheit?" in dieser Situation.

Ich glaube, dass das der totale Sinn von Karma ist. In dem Augenblick, da wir über unsere Wahrheit entscheiden und erkennen, was wir aus der Situation lernen, sind die Energien der karmischen Erfahrung abgeschlossen. Wir sind frei, zur nächsten Lebenserfahrung weiterzugehen.

Wenn eine Seele von Gott erschaffen wird, beginnt sie einen Prozess des Lernens und der Erfahrung. Wir könnten sagen, die Seele „geht in die Schule", um die Gesetze Gottes und des Universums zu lernen. Bestimmte „Klassen" in dieser Schule haben mit der Notwendigkeit eines physischen Ausdrucks namens Inkarnation zu tun. Der Planet Erde ist eine Ebene, wo die „Gegenstände" das Ausleben von freiem Willen und emotionalem Austausch mit anderen Menschen enthalten.

Die Philosophie sagt uns, dass die Seele sich jede Inkarnation aussucht und „vorbereitet", damit sie auf all jene Bedingungen und Umstände trifft, die sie erfahren möchte. Die Ergebnisse aller Umstände sind Handlungen, die karmische Erfahrungen des Wachstums für die Seele bewirken.

Mit dem als Grundlage behaupte ich, dass wenn ein Kind mit einer körperlichen, mentalen oder emotionalen Behinderung geboren wird, sich die Seele meistens diese Lebensumstände ausgesucht hat. Wir nennen das eine Minderheiteninkarnation.

Ich gebe zu, dass diese Worte sehr schwer zu akzeptieren und zu verstehen sind. Wir müssen uns fragen, warum eine Seele freiwillig ein Leben mit Behinderung wählen würde. Ich werde versuchen, es so gut wie möglich zu erklären.

Es spielt keine Rolle, um welche Art von Behinderung es sich handelt, geistige Zurückgebliebenheit, Down-Syndrom, Autismus oder Körperbehinderung. Der Zweck für die Seele und die karmische Erfahrung ist gleich. Ein Leben des Dienstes für all die Menschen, auf die sie trifft, mit denen sie eine Beziehung hat und für die unmittelbare Familie.

Aus diesem Grund haben wir es immer mit einer starken und entwickelten Seele zu tun. Eine Inkarnation mit großen

Schwierigkeiten, einen bewussten Geist zu erreichen, erfordert viel Kraft und Stärke der Seele.

Der letztendliche Zweck dieser Art von Inkarnation besteht darin, die Menschen zu lehren, dass die wahre Existenz des Lebens die Seele ist, oder das, was wirklich in der körperlichen Hülle drinnen ist. Es ist nicht das, was die Menschen nach außen „zu sein scheinen".

Dies ist für die meisten Menschen eine sehr starke Lektion. Wir sehen sie an und fühlen Mitleid und Scham, gehen ihnen aus dem Weg und manchmal fühlen wir uns sogar abgestoßen. Wir beurteilen sie nach unseren eigenen Werten und dem Ego, ohne zu bedenken, wer sie wirklich sind und warum sie in diesem Zustand sind.

Alle Arten und Ausdrücke dieser Kategorie von Erkrankungen dauern das gesamte Leben an. Heilungen, die ein mögliches Kurieren beabsichtigen, können nicht wirksam sein. Der hier vorgeschlagene Heilungsprozess ist, mental Energie an die Seele zu projizieren. Dafür gibt es viele Gründe:

1. Dadurch wird die Existenz der Seele anerkannt ebenso wie ihre Anwesenheit in einem physischen Körper.
2. Du erkennst an, dass es das Leben der Seele ist, und nicht nur das der Persönlichkeit.
3. Du stellst der Seele Energie zur Verfügung, die ihr den Zweck ihrer Inkarnation auszudrücken und zu erfüllen hilft.
4. Die Seele fängt an zu spüren, dass sie nicht allein ist, dass jemand sie schätzt und Liebe ausdrückt.

Wenn du jemanden triffst, der als Minderheit im Leben ist, dann urteile nicht danach, was du siehst. Schau tiefer hinein, fühle, wer das ist und erlaube dir, dich mit dem Kern ihres Lebens, der Seele, in Verbindung zu setzen.

Vor vielen Jahren fragte mich eine Schülerin bei einem Heilungsseminar, ob ihre Freundin ihre sechsjährige Tochter für eine Heilung bringen könnte. Das Kind hatte zerebrale Kinderlähmung. Am nächsten Tag brachte die Frau das Kind mit. Alle saßen im Kreis, und als das Kind herein und zu mir kam, konnte ich sehen, wie alle mit Traurigkeit und Mitleid reagierten.

Das Mädchen kam zu mir, und ich setzte sie auf meinen Schoß. Ich fragte sie, ob sie wisse, warum sie hier sei. Sie lächelte, wandte sich an die Gruppe und hob ihre Hände mit den Handflächen nach außen. Dann schickte sie an alle Heilungsenergie. Als sie fertig war, küsste sie mich und ging hinaus.

Alle hatten Tränen in den Augen, Tränen der Scham dafür, dass sie das Kind beurteilt und bemitleidet hatten. Sie hatten sich alle die Situation des „sofortigen Karmas" geschaffen und sofort daraus gelernt. Sie hatten gelernt, dass die wahre Schönheit einer Person nicht ihre körperliche Erscheinung ist, sondern aus dem inneren „Haus" der Seele kommt.

Ich kenne kein schöneres Beispiel des Dienstes einer Seele, die in einem Körper mit einer karmischen Behinderung ist.

Wenn jemand mit einem behinderten Kind für eine Heilung zu dir kommt, dann lehre die Menschen, mit der Seele des Kindes zu kommunizieren. Das ist der gleiche Prozess wie bei Fernheilung. Dadurch können sich die Eltern vielleicht über den wahren Zweck der Behinderung und des Lebens ihres Kindes bewusst werden. In dieser Situation können sie der Seele vielleicht helfen, den Zweck ihrer gegenwärtigen Inkarnation leichter zu erfüllen.

Du wirst das Kind nicht kurieren können, doch du kannst vielleicht das Fortschreiten des Zustandes verlangsamen oder stoppen und den physischen Körper stabilisieren.

Stell dir vor welches Geschenk es wäre, wenn sich die Seele der Gedankenkommunikation mit den Eltern bewusst würde und sie nicht mehr total isoliert von der Welt wäre, ohne die Möglichkeit, sich weiter zu entwickeln und zu erfahren.

Physisches und spirituelles Heilen

Wenn sich eine Seele in der physischen Schöpfung Gottes verkörpert, ist sie ein integraler Bestandteil des Ausdrucks von physischer Perfektion geworden. Die physische Struktur muss als der „Tempel, der die Seele beherbergt" betrachtet werden. Daher soll der Körper und alle seine Bestandteile und Organe gleichermaßen geachtet und wertgeschätzt werden.

Es gibt keine Körperteile, die „schmutzig", unwert, zu klein, zu groß oder nicht beim Namen genannt werden können. Alles, wirklich alles, soll ein geehrter Teil des vollständigen Ausdrucks deiner Seele gelten!

Das klingt wunderbar. Man wünschte, es würde von allen so gelebt und praktiziert werden. Wenn das so wäre, dann gäbe es überhaupt keine Krankheiten, denn unser Körper ist so erschaffen und strukturiert, dass er viele Hunderte Erdenjahre leben kann. Beweise dafür finden sich in allen alten Schriften.

Wir könnten uns mit einem Computer vergleichen. Unsere Seele ist der Programmierer, unser bewusster Mind der Bildschirm und unser Unterbewusstsein dient als Speicherplatte. Unsere Seele programmiert Ausdrucksmuster ihres geplanten Verhaltens, damit der bewusste Mind es auf dem Bildschirm sieht. Wenn sie akzeptabel sind, werden sie aufgezeichnet und als positive Handlungen und Reaktionen für die Zukunft im Unterbewusstsein gespeichert.

Was geschieht, wenn die Seele einen Gedanken an den bewussten „Bildschirm" sendet, wie zum Beispiel, „du bist eine wertvolle Person", und die bewusste Persönlichkeit sagt darauf, „ich bin nichts wert"?

In diesem Fall wird der bewusste Ausdruck des Unwertseins im Unterbewusstsein als „Wahrheitsinput vom Mind" gespeichert. Wenn diese Daten nicht mit dem gegenwärtigen Leben übereinstimmen, dann wird eine Anpassung in Gang gesetzt, um die Wahrheit zwischen Mind und Körper neu zu programmieren. Auf diese Weise können wir uns dann in einem Zustand von Erkrankung wiederfinden. Die Neuprogrammierung könnte die Aussage des Minds das Unwertsein betreffend zur „Wahrheit" machen. Aus diesem Grund sage ich immer wieder: „Unsere Existenz ist Mind!"

Wenn wir diese Worte akzeptieren können, dann müssen wir auch bedenken, dass jede Unvollkommenheit an uns von einer mentalen Aussage herrührt. Zum Beispiel:

* Ich bin die Liebe nicht wert.
* Ich hasse meinen Körper.
* Ich verdiene es nicht, glücklich zu sein.
* Ich liebe mich nicht.
* Ich schäme mich für manche Körperteile.
* Ich weiß, dass ich hier bin, um bestraft zu werden.
* Ich kann ... nicht tun oder sein.
* Ich opfere mich auf, damit andere mich mögen.
* Nachdem ich etwas getan habe, be- und verurteile ich mich.

Das Gesetz sagt uns: „Indem du dich oder andere be- oder verurteilst, wird es zehnfach verstärkt zu dir zurückkommen, bis das Bedürfnis nach Verurteilung in Gnade transformiert worden ist. Erst dann kannst du geheilt und kuriert werden." Wenn du an irgendeinem Punkt in deinem Leben gemäß der Wahrheit dieser Worte leben kannst, wirst du in Freiheit, Frieden und Freude gehen. Jede andere Technik, die du ausprobierst, ist bloß eine Illusion, welche dir letztlich Schmerz und Krankheit bringt.

Physisches Heilen

Physisches Heilen beschäftigt sich mit der Behandlung eines Zustandes, der von einer eigenen oder fremden Handlung herrührt und deinen physischen Körper betrifft. Dafür gibt es folgende Beispiele:

* Ermüdete Muskeln nach körperlicher Betätigung.
* Ein überdehnter oder gezerrter Muskel.
* Ein gebrochener Knochen.
* Erschöpfung.
* Geringe Energie nach Sport oder Spiel.

Es gibt noch viele Beispiele, aber ich möchte sie alle als Zustände klassifizieren, die keine spirituellen Implikationen haben. Bei allen anderen Ausdrücken der „Unvollkommenheit" oder abnormalen Zuständen ist ein spiritueller Faktor die Ursache.

Immer wenn wir es mit einer rein körperlichen Heilung zu tun haben, müssen wir uns daran erinnern, dass unsere Rolle darin besteht, dem Körper für diesen bestimmten Zustand Energie zur Verfügung zu stellen. Alles kommt vom Mind, daher fassen wir den Gedanken, „Ich schicke Energie, um Erschöpfung, den müden Muskel, etc. zu heilen". Es ist notwendig, immer den Zweck und das gewünschte Ergebnis für die gesendete Heilungsenergie festzustellen. Wenn wir es „Gott überlassen", geschieht gar nichts. Wir, nicht Gott, sind total verantwortlich für den Heilungsprozess.

Jedes unserer Körperorgane ist von einem polaren Energiefeld umgeben, welches es gesund erhält. Eine Handlung, die einen körperlichen Zustand mit sich bringt, kann dieses Energiefeld beeinflussen. Es ergibt Sinn, denn wenn man seine Muskeln zu sehr beansprucht, dann wird das Energiefeld „müde und schwach" werden.

Bei allen Fällen von körperlicher Heilung besteht deine Rolle nur darin, Energie zur Verfügung zu stellen, um das geschwächte Energiefeld im betroffenen Körperbereich zu stärken. Wenn wir unseren Mind auf einen bestimmten Zweck konzentrieren, dann erzielen wir eine viel bessere Wirkung.

Manchmal ist nur eine Heilung des Aurafeldes um den Körper herum erforderlich. Das regt dann die in den Körper eintretende Energie an, baut den einzelnen auf und bringt ihn in seinen Normalzustand zurück.

Wenn jemand mit einem Knochenbruch zu dir kommt, dann mach kein Hokuspokus und erwarte, das du das mit Energie heilen kannst. Du bist nicht „ET" und würdest bloß deine Zeit verschwenden. Schicke die Person zum Arzt, um den Knochen einzurichten, und dann hilfst du nachher beim Heilungsprozess.

Bei einem gebrochenen Knochen entsteht ein „Riss" im umgebenden Energiefeld. Wenn der Knochen eingerichtet ist, ist dieser Riss noch immer da, und wenn man das einfach so lässt, dann dauert es lange, bis er sich von selbst repariert. Wenn du mental Energie in diesen Bereich schickst, kann das diesen Heilungsprozess unterstützen, da der Knochen gesunde Energie erhält. Dadurch kann die erforderliche Heilungsdauer verkürzt werden.

Fallbeispiel:

Eine Frau mit einem massiven bösartigen Tumor in der linken Brust wollte für Heilungen zu mir kommen, weil sie keine Operation haben wollte. Ich sagte ihr, dass sie ihr Leben aufs Spiel setze und dass sie zu einem Arzt gehen solle. Um eine lange Geschichte kurz zu machen: Ihre Brust wurde entfernt, und der Arzt sagte ihr, dass es noch mindestens sechs Monate dauern würde, bis sie ihren linken Arm wieder einigermaßen heben könne.

Nach der Operation kam sie für Heilungen, und ich sandte Energie in die "Risse" in ihre durch den Eingriff gestörten Energiefelder. Innerhalb von zehn Tagen konnte sie ihren Arm bis über den Kopf heben und ohne Probleme wieder Auto fahren.

Ich möchte daran erinnern, dass meine Rolle einfach darin bestand, einem bestimmten Körperbereich Energie zur Verfügung zu stellen. Ihr starker Wille und Wunsch waren die Katalysatoren, durch die der Körper sie voll nützen konnte. Das führte zu der verkürzten Regenerationsphase.

Fallbeispiel:

Ein professioneller Gewichtheber kam zu mir und fragte mich nach einer Methode, durch die sich seine Körperenergie nach einem Training wieder schneller aufbauen könne.

Ich bewegte meine Hand ungefähr zwölf Zentimeter von seinem Körper entfernt über seine Aura und energetisierte sie. Das dauerte ungefähr fünf Minuten, und sein Energielevel war wieder hergestellt. Ich sagte ihm, er solle sich in Zukunft nach einem Training hinlegen, die Augen schließen und mental Energie durch sein Kronenchakra in den Körper ziehen. Wenn er die Energie spüre, solle er sie fünf Minuten lang hinunter in den Körper bewegen.

Er wendete diese Methode erfolgreich nach jedem Training an. Das ist die Kraft des MIND!

Es wird eine Zeit in der Zukunft kommen, da wir gebrochene Knochen und erkrankte Gewebe mit Energie heilen werden können. Zur Zeit besitzen wir jedoch nicht die

Bewusstseinsebene, um dies absolut zu glauben. Das ist der „magische" Katalysator, nämlich der totale, absolute Glaube des Heilers und der betroffenen Person. Solange wir uns in unseren emotionalen Mustern des Unwertseins und unserer „Untergangs"-Orientierung befinden, wird die Fähigkeit, totale Gesundheit zu bewirken, jenseits unserer bewussten Möglichkeiten liegen.

Fallbeispiel:

Vor vielen Jahren standen eine Mann und eine Frau vor meiner Tür, die einige tausend Meilen zurückgelegt hatten. Es waren einfache Bauern mit sanften und einfachen Gedanken über das Leben und Gott. Er hatte eine seltene Krankheit, nämlich Elephantitis. Die Knochen in seinen Armen und in seinem Gesicht waren gewachsen und hatten sein Aussehen deformiert.

Er sagte, dass er WISSE, dass ich ihn heilen könne, deshalb sei er so weit gereist. Er war nicht wütend auf Gott oder verurteilte ihn, sondern fühlte, dass er ein Instrument und ein Beispiel für viele Menschen sei. Ich gab ihm eine intensive Heilung und betete, dass, wenn es der Wille Gottes und seiner Seele sei, er von diesem Krankheitsausdruck geheilt werde.

Als die Heilung vorbei war, dankte er mir und verließ mich mit folgenden Worten: „Gott hat mich zu dir geschickt, und ich weiß, dass ich gesund werde." Ich hatte Tränen in den Augen, doch ich glaubte, dass ein „Wunder" geschehen sei.

Sechs Monate später stand er wieder vor meiner Tür und ich erkannte ihn gar nicht wieder. Er lächelte und sagte: „Schau mich an, ich bin völlig geheilt." Ich traute meinen Augen nicht, sein Körper war wieder normal. Ich weinte, und wir weinten gemeinsam und dankten Gott für seinen Segen.

Es hat viele andere Fälle von totalen Heilungen gegeben. Es gibt aber auch noch viel mehr Fälle, da nichts geschehen ist. Der

Heiler kann nicht hinterfragen oder fragen, warum eine Person gesund wird und die andere nicht. Das liegt nicht im Gesetz. Das Ergebnis des Dienens ist die Entscheidung der Seele und Gottes. Wir sollen nicht hinterfragen, an unseren Fähigkeiten zweifeln oder das Vertrauen verlieren. Wir sind hier, um zu dienen.

Spirituelles Heilen

Der Begriff spirituelles Heilen ist ein anderer Ausdruck für „ganzheitliches" Heilen. Das ist ein Prozess, der in die Heilung „das Ganze" einbezieht, nicht nur einen Teil eines Menschen. Es passt auch mit dem Gesetz von Ursache und Wirkung zusammen.

Das Fundament des spirituellen Heilens gründet sich auf das Konzept des Wohlergehens. Jede Änderung dieses Lebenszustandes wird ausgelöst oder verursacht durch eine Äußerung oder Aussage des Mind. Ganzheitliches Heilen bedeutet genau das. Wenn du die Ursache nicht „heilen" kannst, dann wirst du nie die entsprechenden Ergebnisse oder den Ausdruck davon „heilen".

Dies ist die Grundlage der karmischen Gesetze für das Leben auf der Erde. Wir sind alle hier, um emotional zu handeln, Fehler zu machen und aus den Ergebnissen zu lernen. Alle Energien befinden sich in einem polaren Ausdruck. Wenn wir nicht beide Ausdrücke der Polarität erfahren, dann haben wir keine freie Wahl mehr und können letztendlich nicht mehr entscheiden, was zu gegebener Zeit unsere Wahrheit ist.

Im Laufe der langen Jahre, in denen ich mich bereits mit spiritueller Heilung befasse, habe ich es mit zahllosen Krankheitszuständen zu tun gehabt. Ich habe allerdings noch keinen Fall gehabt, bei dem es keine spirituelle Ursache für einen gegebenen Zustand gab.

Wenn man zum Beispiel Energie zu einem Geschwür schickt, mag das vielleicht das Geschwür heilen, doch es besteht die große Wahrscheinlichkeit, dass die Person ein weiteres Geschwür woanders entwickelt. Das könnte nur durch Beratung verhindert werden, indem man die mögliche Ursache für das Geschwür findet. Das könnte entweder ein mentales, emotionales oder spirituelles Muster des gelebten Lebens sein.

Wenn einmal die mögliche Ursache bestimmt worden ist, kann sie als Verursacher der Krankheit identifiziert werden. Wenn die Person diese mögliche Ursache nicht anerkennen will oder kann, dann kann man zu dem Zeitpunkt nichts für sie tun.

Im Kapitel, „Spirituelle Ursachen von Krankheiten" findet sich eine Liste von Krankheitsausdrücken mit den entsprechenden möglichen spirituellen Ursachen, die wir in jahrelanger Erfahrung erkannt haben. Wie bei allem, muss man auch Ausnahmen in Betracht ziehen.

Wenn man sich mit Erkrankungen als Ganzem beschäftigt, muss man einen realistischen Ansatz haben. Menschen sind sicherlich anfällig für verschiedene ansteckende Krankheiten, wie Masern, Mumps oder Windpocken. Diese Erkrankungen meinen wir in unserer Diskussion nicht. Es soll allerdings erwähnt werden, dass auch hier der Mind die Kontrolle hat, und die ansteckenden Krankheiten sind dann weniger stark und dauern nicht so lange.

Alle Formen von Behinderungen und Krankheiten, die von Geburt an bestehen, sind von dieser Diskussion ebenfalls ausgenommen. Sie werden in dem Kapitel „Karmische Behinderungen" im Detail besprochen.

Bei den meisten von uns behandelten Krankheitsausdrücken gibt es handfeste medizinische Gründe. Das darf nicht beiseite geschoben oder geleugnet werden. Was wir betonen möchten ist, dass wenn sich Körper und Mind in einem Ausdruck der Wahrheit befänden, dann wäre der Körper immun und hätte die

Kraft, in einem gesunden Zustand zu bleiben und jegliche Anwesenheit von Erkrankung abzustoßen.

Beratungstechniken

Wenn ein Klient zu dir kommt, dann liegt deine Verantwortung darin, die grundlegenden Bedingungen für die Heilsitzung festzulegen. Mache sehr deutlich, dass nicht DU ihn kurieren wirst. Manche Menschen erschaffen sich die emotionale Illusion, dass sie nachher die „Krücken wegwerfen und gehen" können. Erkläre ihnen, was Heilung bedeutet und was der Prozess des Kurierens alles umfasst.

Indem du diese Bedingungen für die Sitzung festlegst, musst du sowohl für den Klienten als auch für dich eine „sichere" Umgebung schaffen. Erkläre vorher alles, was du tun wirst und überrasche den Klienten nicht. Wenn du das tust, interferiert die entstehende Spannung nicht mit deinem Heilungsprozess.

Teile dem Klienten auch mit, dass du dir dessen bewusst bist, dass er sich und seinen Körper verletzbar macht, indem er dir erlaubt, ihn zu heilen. Erinnere auch daran, dass du als Teil des Prozesses ebenfalls verletzbar wirst. Er versteht das vielleicht nicht, also kannst du es folgendermaßen erklären.

Im Laufe der Heilsitzung setzt du dich seinen Energien und Reaktionen aus. Du bist das Instrument für sein zukünftiges Wohlergehen. Dies könnte dich verletzbar machen für seine Gedanken, Emotionen und andere Gefühle. Wenn der Klient das einmal versteht, sage ihm, dass es seine Verpflichtung ist, deine Verletzbarkeit zu achten, so wie du seine auch. Auf diese Weise werdet ihr beide „sicher" sein.

Es ist wichtig, dass du den Klienten ermächtigst. Erinnere ihn daran, dass er immer die Kontrolle hat, er soll nicht dein „Opfer" werden. Dadurch kann er sich sicher sein, dass er „Nein" sagen oder den Vorgang jederzeit beenden kann. Für den

Heilungsprozess ist es wichtig, dass der Klient nicht eine Opferhaltung einnimmt.

Dieser Teil der Beratung setzt das Fundament dafür, dass sich der Klient entspannt und sich im Heilungsprozess sicher fühlt. Dadurch verhinderst du auch mögliche Missverständnisse oder Fehlinterpretationen von Techniken oder Handlungen, die du während des Prozesses durchführst.

Beginne dann, die qualifizierenden Fragen zu stellen:

* Was ist dein Problem?
* Wie lange dauert dieser Zustand bereits an?
* Ist dieser Zustand von einem Arzt diagnostiziert worden, und was war das Ergebnis?
* Hat dich ein Arzt dagegen behandelt?
* Stehst du zur Zeit in ärztlicher Behandlung?
* Willst du und hast du jetzt wirklich das Bedürfnis, gesund zu sein?
* Bist du bereit, die Verantwortung für deine Gesundheit zu übernehmen?
* Wenn nicht, warum brauchst du es, noch immer krank zu sein?

Wenn du auf diese Fragen befriedigende Antworten erhalten hast, kannst du die Umstände weiter untersuchen, die eine mögliche spirituelle Ursache der Krankheit sind.

Nun müssen wir allerdings einige inakzeptable Antworten auf die Fragen durchgehen und was du in jeder Situation am besten sagst.

1. Was ist dein Problem?

„Ich weiß nicht, deshalb bin ich ja gekommen. Ich fühle mich einfach nicht gut. Sag du mir, was es ist."

Dies ist der Punkt, da du klarstellst, dass du keine Diagnosen triffst. Empfiehl einen Arztbesuch, um eine mögliche behandlungsbedürftige Erkrankung festzustellen. Wenn der Klient sagt, er möchte nicht zum Arzt gehen, dann sag ihm, dass du ihm ohne entsprechende Diagnose nicht dienen kannst. Wenn du schwach wirst, er dir leid tut oder du in dein Ego kommst und deine Meinung dazu sagst, ist das nicht in Ordnung. Es könnte auf dich zurückfallen und dir Probleme bereiten. Wie kannst du wissen, dass der Klient nachher nicht zum Arzt geht, ihm erzählt, was du gesagt hast und um Hilfe bittet.

Wenn das geschieht, kann der Arzt dich berechtigterweise den Behörden melden, dass du ohne entsprechende Befähigung Medizin praktizierst.

Wenn der Klient sagt, dass er der Diagnose des Arztes nicht glaubt und möchte, dass du „fühlst", was los ist, dann entschuldige dich und sage, dass du nicht berechtigt bist, Diagnosen zu stellen. Du musst dich schützen!

2. Wie lange dauert dieser Zustand bereits an?

"Ich weiß es nicht genau. Es kommt und geht. Ich kann mich nicht erinnern, wann es anfing."

Solche Antworten zeigen dir, dass die Person ausweicht und aus dem Weg geht. Sie versucht so zu tun, als ob es die Krankheit nicht gebe. Entweder blockiert sie ihren Geist oder ignoriert alles in der Hoffnung, dass es schon vergehen wird.

Es ist wichtig, den Zeitrahmen des Einsetzens der Erkrankung festzustellen. Das öffnet dir dann die Tür zu der Frage: „Was geschah damals in deinem Leben, oder so ungefähr zwei Jahre bevor die Krankheit einsetzte?" Wenn sie sich an nichts in dieser Zeit erinnern kann, dann gehe Jahr für Jahr weiter zurück. Die Person wird einen Umstand finden, der ihr Leben durcheinander gebracht hat. (So etwas ist immer da, sonst wäre die Person ja gesund.)

3. Hat ein Arzt deinen Zustand diagnostiziert?

„Ja, aber ich wollte eine zweite Meinung." „Ich glaube ihm nicht." „Ich möchte deine Meinung auch noch dazu hören."

Deine Antwort muss dann lauten: "Das ist sehr klug von dir. Geh zu einem zweiten Arzt und ruf mich dann an, dass wir es besprechen. Ich kann keine Meinung haben, da ich keine entsprechende medizinische Qualifikation habe, um Krankheiten zu diagnostizieren.

„Nein, ich wollte zuerst hören, was du dazu sagst." „Ich habe Angst, zum Arzt zu gehen."

Dies ist eine sehr heikle Situation. Ich schlage vor, einfach zu lächeln, nichts zu sagen und eine energetische Untersuchung vorzunehmen. Wenn du eine Energieverzerrung "fühlst" (Hitze-störung), sage folgendes: „Ich fühle Hitze in diesem Körperbe-reich, ich weiß nicht, was es ist, aber ich ermutige dich, des-wegen zum Arzt zu gehen. Es könnte auch nichts sein, aber gehe einfach auf Nummer sicher."

Indem du das tust, fühlt sich der Klient unterstützt, und das könnte ihm den Mut geben, sich von einem Arzt untersuchen zu lassen.

4. Hat dich ein Arzt dagegen behandelt?

„Ja, aber es scheint nicht besser zu werden." „Nein, ich halte nichts von Ärzten." „Nein, ich möchte lieber spirituell geheilt werden."

Dies ist der Moment, da die Beratung einsetzt. Die Person hat dir damit gerade gesagt, dass sie sich ihres Zustandes nicht bewusst ist oder die Augen vor der Ursache verschlossen hat.

Sie möchte nicht verantwortlich sein. Sie möchte, dass entweder du oder der Arzt die Verantwortung dafür tragen, ob sie gesund wird oder krank bleibt.

Ihre Aussagen berechtigen dich, sie für eine Heilung anzunehmen. Sage ihr allerdings, dass wenn sie einen Arzt besucht, sie es dir mitteilen soll und deine Behandlungen dann aufhören. Sie muss verstehen, dass du es nur mit einem spirituellen Prozess zu tun hast. Du kannst nichts garantieren oder Andeutungen machen, die zu falscher Hoffnung oder Sicherheit von ihrer Seite führen.

5. Stehst du zur Zeit in ärztlicher Behandlung?

„Ja, aber ich möchte auch Heilungen."

Frage, ob das mit dem behandelnden Arzt besprochen wurde. Wenn das so ist und der Arzt spirituell offen ist, dann lass dir eine Bestätigung vom Arzt bringen, in der er seine Zustimmung zu Heilsitzungen gibt.

Wenn der Klient das nicht mit dem Arzt besprochen hat, dann bitte ihn darum. Wenn der Arzt nicht zustimmt, dann ist es angemessen, dass sagst, dass du ihn nicht behandeln kannst, während er sich in ärztlicher Behandlung befindet. Der Klient könnte sagen: „Ich werde dem Arzt nicht sagen, dass ich hier war." Bleibe in deiner Integrität! Setze dich keinem Risiko aus.

6. Willst du und hast du jetzt wirklich das Bedürfnis, gesund zu sein?

„Ich glaube schon." „Ich habe noch nicht darüber nachge-dacht.", „Meine Freundin hat mir gesagt, ich solle etwas dagegen tun."

Diese Antworten geben dir wertvolle Hinweise für die Art der Beratung. Ich rate dir, erst mit Heilungen zu beginnen, wenn die

Person diese Frage positiv beantwortet hat. Wenn du fühlst, dass es tief liegende Probleme gibt, und du nicht qualifiziert bist, hier zu beraten, dann schicke sie zu jemandem mit entsprechender Befugnis. Experimentiere nicht, du hast es mit dem Leben eines Menschen zu tun.

Wenn du so eine Antwort erhältst, dann hast du es mit einem sehr ernsten Zustand zu tun. Die Person versucht, ein wirkliches Leben im Ausdruck der Illusion zu führen. Sie vermeidet das Leben und könnte in Zukunft anfällig für selbstzerstörerische Energien werden.

7. Bist du bereit, die Verantwortung für deine Gesundheit zu übernehmen?

„Ich verstehe nicht, was du damit meinst." „Ich weiß es nicht."

Solche Antworten öffnen dir die Türe, damit du der Person die Kraft und Wirkung von Gedanken des Minds erklärst. Von diesem Punkt an beginnst du die Beratung und betonst die Freiheit, im Leben Fehler zu machen. Du hast es wahrscheinlich mit einem Perfektionisten zu tun. Dies ist eine der schwersten Bürden im Leben, die Erfolg wiederholt und immer wieder verleugnet.

Wenn die Antwort „nein" ist, dann frage:

8. Warum brauchst du die Krankheit noch?

„Die Menschen bemerken mich." „Sie bringt mir Aufmerksamkeit." „Es spielt keine Rolle."

Es gibt noch viel mehr Aussagen des Unwertseins. Jede bietet den Einstieg in ein Gespräch, ein Nachgehen und Eintauchen in das Unterbewusstsein.

Wenn du deine Beratung beginnst, besteht dein erstes Ziel darin, eine mögliche spirituelle Ursache für die Krankheit zu bestimmen. Du musst die Ursache nicht genau auf den Punkt festnageln, sondern sie den Klienten nur als eine Möglichkeit bedenken lassen. Dadurch bleibt er offen und empfänglich für die Heilungsenergien. Erinnere dich: Wenn eine Person nicht offen für Heilung ist, dann bleibt sie unwirksam. Der Mind wird die Energie dann abstoßen und sie wird den Körper einfach verlassen.

Im Laufe meines Dienstes im Heilen habe ich festgestellt, dass die hauptsächlichen spirituellen Ursachen für Erkrankungen in bestimmte allgemeine Kategorien fallen:

1. Aufwachsen in gestörter Umgebung.
2. Keine Erfolgserfahrungen.
3. Sexuelle Abweisung und Unwertsein.
4. Selbstbe- und -verurteilung.
5. Andauernde Wut oder Groll gegen sich selbst und andere.
6. Keine Erfahrung von Liebe.

1. Aufwachsen in gestörter Umgebung

Die Energiemuster, die dadurch in die unbewussten Reaktionen aufgenommen werden, haben hauptsächlich mit der Familienstruktur und der Umwelt zu tun. Dazu gehören:

a) Jegliche Art von Missbrauch, entweder physisch, emotional, mental, sexuell oder spirituell.
b) Keine Unterstützung beim Erreichen von persönlichen Zielen.
c) Ablehnung des persönlichen Ausdrucks. (Auferlegtes Stillsein.)
d) Isolation, entweder freiwillig oder von anderen als Strafe auferlegt.
e) Vergleich mit Geschwistern.
f) Kein Nähren seitens der Eltern.

2. Keine Erfolgserfahrungen

Wenn eine Seele sich in dieser Gesellschaft inkarniert, dann wird sie auf die Lebensmuster, die mit „Erfolg und Versagen" zu tun haben, konditioniert. Wenn wir als Teil dieser Gesellschaft keinen Erfolg erleben (individuellen Erfolg), dann betrachten wir uns als Versager. Mit der Zeit kann sich dann im Unterbewusstsein ein Reaktionsprogramm entwickeln, das besagt, dass wir es nicht wert oder nicht gut genug sind, um Erfolg zu haben.

Versuche in deiner Beratung zu betonen, dass es keinen wirklichen Zustand gibt, der als Versagen bezeichnet werden kann. Es gibt nur unterschiedliche Stufen von Erfolg. Was als Erfolg betrachtet wird, ist immer relativ und hängt von der individuellen Wahrnehmung ab. Was der eine als Erfolg betrachtet, bedeutet für den anderen vielleicht Versagen.

Das größte Hindernis ist, wenn sich jemand als Perfektionist sieht. Dies ist ein falsches Etikett und ein falsches Ziel. In Wirklichkeit erlaubt sich ein Perfektionist niemals, „gut genug" zu sein. Er versagt immer, weil er glaubt, es noch besser machen zu können. So ein Mensch muss anfangen, seine Bemühungen anzuerkennen, dann aus den Fehlern zu lernen und das nächste Mal erfolgreicher zu sein. Erfolg ist die Motivation und der Anreiz für ständiges Wachstum und andauernde Entwicklung.

Schlage dem Klienten eine Reihe von Handlungen vor, die einen Prozess von kleinen Erfolgen in Gang setzen, einen nach dem anderen. Es spielt keine Rolle, wie gering der Erfolg ist. Wichtig ist das emotionale Ergebnis der Erfahrung. Mit der Zeit werden dann die konditionierten Muster des Versagens mit Mustern des Erreichens ersetzt werden. Dadurch orientiert sich der Klient dann an Zielen, die er auch erreicht.

3. Sexuelles Unwertsein

Diese zerstörerische Reaktion kommt aus dem mangelnden Verstehen der angemessenen Rolle oder Funktion während des intimen körperlich-sexuellen Austausches. Versichere der Person, dass sie keine „zugewiesene Rolle" bei der Intimität hat. Es soll keine Erfahrung sein, bei der sie sich aufopfernd gibt oder ein Opfer von Übermacht wird.

Körperliche Intimität ist ein gleichwertiges Teilen zwischen zwei Menschen zu beiderseitigem Nutzen und Vergnügen, und nicht nur für einen bestimmt. Die alte Einstellung von dominanten und unterwürfigen Rollen gehört in die Tage der Sklaverei. Wir alle haben die große Kraft des freien Willens. Wir alle haben die Fähigkeit, das wunderbare Wort „Nein, danke" zu sagen und unseren Körper und unsere Seele zu achten.

4. Selbstbe- und -verurteilung

Wenn sich jemand be- und verurteilt, dann sagt er eigentlich, „Ich bin meine Seele und Gott nicht wert". Die letztendliche Ursache für diese mangelnde Annahme ist die Unfähigkeit, Gnade im Leben zu aktivieren.

Wenn wir anfangen können, die pulsierenden Polaritäten von universeller Energie zu akzeptieren, handeln und leben wir in dem Wissen, dass alles, einfach alles im Universum, sich ständig verändert. Die einzig konstanten Wirklichkeiten sind Gott und Seele. Wenn jemand diese Worte akzeptieren kann, dann kann er sich von der sogenannten „geraden Linie im Leben" befreien. Wir bezeichnen sie auch manchmal als die „kürzeste Entfernung zwischen zwei Punkten".

Stell dir vor, du gehst auf einer Landstraße, kannst am Rand nichts erkennen, sondern siehst nur die Straße vor dir. Du würdest die Schönheit der Natur verpassen, die dir zuwinkenden Menschen, die Gelegenheit, durch den Wald zu gehen.

Das Leben ist eine pulsierende, wogende gekrümmte Spirale aus Licht. Gehe in diesem Licht. Erlaube ihm, dich durch Wasser zu tragen, das nicht immer ruhig ist, oder Straßen zu gehen, die manchmal über Berge führen. Wenn du den Herzschlag des Lebens akzeptieren kannst, kannst du anfangen, ohne Selbstverurteilung in Gnade zu leben.

5. Andauernde Wut und Groll gegen sich selbst und andere

Beide Ausdrücke sind immer Zustände von Beurteilung. Je länger du an der Beurteilung festhältst, desto mächtiger wird sie und desto mehr Verzerrung hast du im Leben.

Das Universelle Gesetz lautet: „Wenn du dich und andere be- und verurteilst, wird das zehnfach verstärkt zu dir zurückkehren."

Dieser Ausdruck ist die größte Ursache der meisten Krankheitsausdrücke. Erkläre dem Klienten, dass wir eigentlich nicht auf andere Menschen wütend werden. Wir werden auf uns selbst wütend, weil wir eine bestimmte Situation zulassen, akzeptieren und uns darin verstricken. Wir werden zwar anderen gegenüber aggressiv und lassen unsere Wut an ihnen aus, doch damit drücken wir in Wirklichkeit unsere eigene Frustration aus.

Wenn du ihm das „Gesetz des Geschehenlassens" erklärst, wird das helfen zu verstehen, dass man „loslasssen und lebenlassen" kann. (Siehe unten.)

6. Keine Liebeserfahrung

Beginne, indem du den Unterschied zwischen physischer und spiritueller Liebe erklärst. Das mangelnde Verständnis darüber ist für viele Probleme in Beziehungen und in anderen Lebensbereichen verantwortlich.

Physische Liebe ist auf emotionale und sexuelle Energien beschränkt. Dies kann, und soll karmisch gesehen auch, Unsicherheit und Aufopfern bewirken.

Spirituelle Liebe ist die Erfahrung und das Teilen von Seelenenergien durch den Einsatz des physischen Körpers als Gefährt, um den Prozess zu vervollkommnen.

Wir alle neigen dazu, uns selbst die Schuld zu geben, wenn jemand nicht die gleichen Gefühle hat oder sie erwidert und uns gegenüber ausdrückt. Wir fühlen, dass mit uns etwas nicht stimmt, und nicht mit dem anderen. Dieses Programm behandelst du, indem du die Erfahrung der Selbstliebe im Klienten erschaffst. Das wird für ihn eine tiefgreifende Erfahrung sein. Es wird so viel von vergangener Programmierung der Selbst-Schuldzuweisung und des Unwertseins auflösen. Der Prozentsatz von Menschen, die im Glauben durch das Leben gehen, dass sie nie Liebe „fühlen" oder Liebe nicht ausdrücken können, ist viel größer, als man meinen möchte. Indem du diese Selbsterfahrung für sie erschaffst, wird das alte Programm rasch geheilt.

Geschehenlassen und Erlauben

Wenn du in deiner Beratung den Punkt erreicht hast, da der Klient bereit ist, „in Liebe loszulassen" oder zu erlauben, dann ist ein großer Teil der Heilung bereits geschehen.

Oft frage ich Klienten: „Wie lange möchtest du dieser Person noch Macht und Kontrolle über dich geben?" Diese Aussage bringt ihn normalerweise zum Denken und hoffentlich geht ihm ein „Licht" auf. Er hat vorher nicht erkannt, dass er, indem er auf jemanden wütend oder zornig war, einen Teil seiner persönlichen Macht und Kontrolle über das Leben „weggegeben" hatte.

Die Unterscheidung zwischen Liebe und Geschehenlassen führt zu einem weiteren Erkennen einer angemessenen Beziehung, sowohl einer freundschaftlichen als auch einer intimen.

In allen alten Schriften steht: „Liebe deinen Nächsten wie dich selbst." Haben wir das so interpretiert, dass ganz gleich, was uns der andere antut, wir die „andere Wange hinhalten" und ihn lieben sollen?

Die subtile Botschaft dahinter schreit laut „Aufopfern". Sollen wir jeden „lieben", ganz gleich, was er uns antut? Je mehr man darüber nachdenkt, desto mehr muss man hineinsehen und die wahre Bedeutung dieser Worte suchen. Man findet sie im „Gesetz des Geschehenlassens". Wenn du deinen Nächsten „lässt" wie dich selbst, dann liebst du ihn wahrlich. Du wirst frei. Du hast den freien Willen und die Macht und Kontrolle über dein Leben.

Das Gesetz des Geschehenlassens lautet: Du urteilst nicht und bestimmst die Handlungen und Aussagen anderer nicht. Du erlaubst allen anderen, Verantwortung für ihre Handlungen und für ihre Lebensführung zu übernehmen.

Geschehen zu lassen erfordert, dass man den Unterschied zwischen Entscheidung und Urteilen versteht. Ohne dieses Verständnis ist es schwierig, die entsprechende Einstellung für persönliche Freiheit zu erlangen.

Eine Entscheidung ist eine mentale Feststellung, die aufgrund von Reaktionen auf eine von anderen vorgeschlagene oder ausgeführte Handlung, gemacht wird. Diese Handlung kann der eigenen Wahrheit entsprechen oder nicht. Die Entscheidung kann als Ergebnis einer einzelnen Handlung kommen oder wiederholten Handlungen folgen.

Ein Urteilen entsteht durch das unverlangte, unaufgeforderte Wiederholen einer Entscheidung anderer Menschen gegenüber. Das kann sich auf eine Person, eine Sache, einen Ort oder einen Lebensausdruck beziehen.

Angenommen John und Jane beginnen eine Beziehung. John entscheidet, dass sie nicht zusammenpassen. Er sagt Jane, dass sie wegen ihrer unterschiedlichen Betrachtungsweise des Lebens ihre Beziehung nicht fortsetzen können. Jane könnte nun sagen: „Wie kannst du nur über mich urteilen?" Diese Worte wären nicht zutreffend. Sie sind kein Urteilen, sondern Johns Entscheidung. Er hat das Recht, eine Entscheidung zu treffen.

Wenn allerdings nach dem Ende der Beziehung John andere Leute anruft und sich über Jane beschwert, wenn er unaufgeforderte Aussagen macht, dann ist seine Entscheidung zu einem Beurteilen geworden.

Sehr oft ist die Linie zwischen Entscheidung und Urteil nur sehr fein. Der beste Weg, um nicht in die Beurteilung hineinzufallen liegt darin, ständig geschehen zu lassen. Es ist keine Beurteilung, zu jemandem hinzugehen und zu sagen: „Ich stimme mit deinen Handlungen und deiner Lebensweise nicht überein. Ich respektiere dein Recht zu sein, wer du bist, aber ich muss unsere Verbindung trennen." Dies ist eine reine Entscheidung, und du bleibst im Geschehenlassen.

Die wirkungsvollste Art, um geschehen zu lassen, besteht darin, ein Wort aus seinem Sprachschatz zu eliminieren, das so viel Schmerz und Enttäuschung im Leben erzeugt. Das Wort ist „Erwartungen". Das ist ein instabile zerstörerische Emotion, die totale Verwundbarkeit erzeugt.

„Erwartungen sind stille Be- und Verurteilungen."
* Ich erwarte, dass die anderen das so wie ich machen.
* Ich erwarte, dass sie sich ändern.
* Ich erwarte von ihnen, dass sie mich verstehen.

* Ich erwarte, dass sie mich akzeptieren, lieben, mögen, etc.

Das Gesetz des Geschehenlassens öffnet die Tür für Akzeptanz im gegenwärtigen Ausdruck. Wenn das bei dir nicht so ist, dann suche dir eine andere Beziehung, sonst bewegst du dich in die Be- und Verurteilung und gibst jemand anderem Macht über dich.

Eine Klientin rief mich an und erzählte mir, dass sie gerade geheiratet habe. Ich werde sie wörtlich zitieren: „Hallo Frank, ich habe gerade geheiratet. Er ist ein lieber Kerl, aber es gibt eine Menge, was ich an ihm noch zu ändern habe. Ich werde ihn schon hinkriegen." Innerlich lachte ich, denn in Wirklichkeit sagte sie damit: „Ich erwarte, dass er sich verändert. Ich werde ihm nicht erlauben, so zu bleiben, wie er sein möchte." Welches Desaster! Sie hatte damit alles vorbereitet für die Energien von Be- und Verurteilung, die ihr später im Leben Probleme bereiten konnten.

Indem du dieses Prinzip in deinen Heilsitzungen verwendest, unterstützt dich das, wenn du dem Klienten hilfst, den Faden zu alten Anhaftungen „zu durchschneiden" und nach vorne zu gehen in einen freieren und verantwortungsbewussteren Lebensausdruck.

Wer hätte gedacht, dass es so viel zu entdecken und zu entscheiden gibt. Vielleicht ist es zu anstrengend und zu kompliziert. Vielleicht sollte man besser so mitschwimmen und sich damit auseinandersetzen, wenn es auftaucht. Nein! Das reicht nicht! Du musst dich selbst verstehen. Du musst dich selbst analysieren und herausfinden, warum du in der Vergangenheit keinen Erfolg hattest. Was ist geschehen? Hast du etwas nur Versagen genannt, weil du nicht verstanden hast, wer du bist oder was deine wirklichen Bedürfnisse sind?

Es ist wichtig, all diese Fragen zu beantworten und die Antworten anzuerkennen. Langsam wirst du dann verstehen, wer du bist. Ein wunderbares, nicht perfektes menschliches Wesen. Indem sich dein Weg der Selbstentdeckung entfaltet, wirst du die Fähigkeit haben, andere zu verstehen wie sie sich dir darstellen.

Um jemanden wirklich zu verstehen musst du ihn durch seine Augen und nicht durch deine sehen, und ihm dann erlauben, so zu sein, wie er es gewählt hat.

Ganzheitliches Heilen

Ganzheitliches Heilen bedeutet, dass die gesamte Person mit einbezogen wird, und nicht nur das, was sich zum gegebenen Zeitpunkt als Krankheit äußert. Die Behandlung einer körperlichen Manifestation beseitigt nicht die „Ursache" oder die „Notwendigkeit" der Erkrankung. Aus diesem Grund muss vor jeder spirituellen Heilung eine Periode der Beratung stehen. Das hilft bei der Bestimmung der möglichen mentalen Ursache, die zu der Erkrankung geführt hat.

Ich beschreibe nun einige Umstände, die ich im Laufe der Ausübung von spirituellem Heilen vorgefunden habe.

Eine Klientin kam und wir plauderten einige Minuten. Ich fragte sie nach ihrem Problem und warum sie zu mir gekommen sei. Sie antwortete: „Ich werde dir nicht sagen, was mir fehlt, denn du bist der Heiler. Sag du es mir."

Ich lächelte sie an und antwortete ihr recht höflich, dass ich nichts für sie tun könne und dass sie es bei jemand anderem probieren solle. Sie verstand das nicht, und so erklärte ich es ihr. Ich sagte ihr, dass ich kein Arzt sei. Daher war ich nicht qualifiziert, irgendeine Erkrankung zu diagnostizieren. Ich sagte auch, dass ich nicht bereit sei, irgendwelche „Hellseher-Spiele" mit ihr zu spielen, damit sie mich testete.

Es ist wichtig, dass du dich an diese Worte erinnerst. Als spiritueller Heiler musst du die Fallen deines Ego vermeiden und nicht den Arzt spielen. Du musst dich an deine Rolle des Dienstes und an ihre Grenzen erinnern. Wenn du Diagnosen erstellst, kannst du wegen unberechtigter Ausübung eines ärztlichen Berufes ins Gefängnis kommen. Das würdest du dann sogar verdienen. Bitte erinnere dich immer an deine Integrität.

Du dienst den Menschen mit einem „Nein" wenn es angebracht ist und auf die Situation zutrifft.

Viele Menschen werden zu dir kommen, um dich zu testen. Sie wollen sehen, ob du ihr Problem ohne ihre Hilfe „finden" kannst, einfach so aus Spaß. Gehe auf solche Spielchen nicht ein. Diene Menschen, die ehrlich und aufrichtig zu dir kommen.

Ich fragte die Klientin, ob sie sich in ärztlicher Behandlung befinde. Diese Frage muss man als erste stellen. Sie sagte: „Ja, aber ich möchte alles ausnützen, damit ich gesund werde." Daraufhin erwiderte ich, dass ich sie nur dann behandeln könne, wenn sie eine schriftliche Zustimmung ihres Arztes für eine Behandlung bei mir mitbringe.

Hätte ich ihr unter diesen Umständen eine Heilung gegeben, hätte ich in die ärztliche Behandlung ohne Einverständnis des Arztes eingegriffen.

Ich schildere diesen Fall, um bestimmte Bedingungen aufzuzeigen, von denen niemals abgewichen werden darf.

1. Diagnostiziere niemals Krankheiten, außer du bist praktizierender Arzt.
2. Lass dich nicht von deinem Ego aus deiner Integrität drängen, und „spiele" dich nicht als Arzt auf.
3. Behandle niemals jemanden, der in ärztlicher Behandlung steht, außer er bringt eine schriftliche Erlaubnis und Zustimmung des Arztes.
4. Begib dich nicht in Situationen, in denen du nicht qualifiziert bist zu behandeln.
5. Massiere oder manipuliere den Körper nicht, außer du bist dazu ausgebildet und berechtigt.

Fallbeispiel:

Eine Freundin bat mich, mir ihre Mutter anzusehen. Sie war scheinbar bei einem „Heiler" gewesen, der ihr gesagt hatte, sie habe Lungenkrebs. (Die Frau war mit einem anderen Problem zu dem Heiler gegangen.) Natürlich hatte meine Freundin ihre Mutter dann zu drei verschiedenen Krebsspezialisten gebracht, und jeder hatte ihr gesagt, dass es keine Spur von Krebs in ihrem Körper gebe. Sie war sehr gesund.

Nach jeder ärztlichen Untersuchung schüttelte die Frau aber bloß den Kopf und sagte: „Der Heiler hat mir gesagt, dass ich Krebs habe."

Ich untersuchte ihre Energiemuster und das Immunsystem und versuchte, ihr zu versichern, dass ihr nichts fehle. Meine Worte fielen auf taube Ohren. Ihr Geist war vollkommen taub für meine Worte.

Die traurige Sache ist, dass diese Frau Lungenkrebs hätte bekommen können, denn sie hatte den Zustand mental „akzeptiert". Sie hatte sich und ihren Körper der Anwesenheit von Krankheit übergeben.

Ich hoffe, dass dieses Beispiel für die Verletzung von Integrität und mangelnder Verantwortung dem Klienten gegenüber hilft, dir deinen großen Einfluss als spiritueller Heiler bewusst zu machen. Wenn du immer innerhalb der Richtlinien deines Dienstes als Instrument Gottes bleibst, dann wirst du auch in deiner Integrität und innerhalb der Ordnung bleiben.

Die Chakras

Ein Chakra ist ein physisch unsichtbares Empfangsgefäß oder eine Öffnung für spirituelle Energie, durch welche sie in das Meridiannetz des physischen Körpers gelangt. Symbolisch werden die Chakras als geschlossene vielblättrige Blüten dargestellt, die sich öffnen, wenn der einzelne beginnt, sich über seine Beziehung und Verbindung mit seiner Seele und Gott bewusst zu werden.

Wenn die „Blütenblätter" ganz offen sind, dann dienen sie als „Antennenschüssel", um Gottes Licht zu empfangen und es durch die Energiemeridiane des physischen Körpers zu verteilen.

Das allgemeine Chakrasystem ist in verschiedene funktionale Kategorien unterteilt. Die wichtigste Gruppe von Chakras sind die sieben Grundzentren für die gegenwärtige karmische physische Inkarnation. Sie hängen mit den karmischen Gesetzen der Entwicklung zusammen, die der Lebensführung hier auf dem Planeten Erde zugrunde liegen. Diese Chakras sind wiederum in drei Energiekategorien unterteilt, die mit den entsprechenden karmischen Funktionen zusammenhängen.

1. Die oberen Chakras.
2. Die unteren Chakras.
3. Das Herzchakra.

Die oberen Chakras

Diese Zentren dienen dem Wachstum, der Wahrnehmung, dem Empfangen und dem Ausdruck der spirituellen Lebensaspekte. Sie empfangen Energiefrequenzen, die die "göttlichen Zentren" des Ausdrucks anregen. Dadurch gelangt der einzelne auf einen

Weg der intuitiven Wahrnehmung, und die schlafenden Bereiche des Minds erwachen für die Gegenwart der Seele.

Bevor jemand spirituell erwacht oder auf seinem bewussten Weg des Wachstums ist, sind diese Chakras in einem dreieckigen Energiemuster angeordnet.

1. Das Kronenchakra befindet sich in der Kopfmitte hinter dem Haaransatz.
2. Das Dritte Auge ist zwei Zentimeter über und zwischen den Augenbrauen. Bevor jemand spirituell bewusst ist, befindet sich das Zentrum zwei Zentimeter links davon.
3. Das Kehlchakra ist am unteren Hals, knapp unter dem „Adamsapfel".

Das Kronenchakra ist die spirituelle „Antenne", empfängt und absorbiert Energiefrequenzen, die das göttliche Selbst nähren, das Unterbewusstsein mit Wissen versorgen und die physische Struktur energetisieren. Durch das Kronenchakra empfängt und erfährt man seine Verbindung mit dem Schöpfergott. Dadurch entstehen innere Gefühle des Wertseins, und der Prozess des Aktivierens von Intuition beginnt.

Wenn ein Mensch sein spirituelles Wachstum als Teil seines Ausdrucks beginnt, dann verschiebt sich das Dritte Auge in seine permanente Position zwischen den physischen Augen. Dieser Prozess öffnet symbolisch das Chakra und dadurch kann die Person anfangen, in die Energien ihrer Seele zu „sehen".

In den frühen Lebensjahren kann man durch die verschobene Position des Dritten Auges emotionale karmische Erfahrungen ohne die Anwendung von Intuition machen. Man handelt aus emotionalen Entscheidungen heraus, macht Fehler und hat die Wahl der polaren Ausdrücke.

Die Hauptfunktion des Dritten Auges ist es, „spirituelle Vision" zu projizieren. Solange jemand spirituell „schläft", bleibt dieses

Chakra geschlossen. Das führt zu einem Zustand, in dem sich die Einsicht und Vision auf die physischen und emotionalen Empfangszentren und Reaktionen beschränkt. Die Energiezäpfchen und -stäbchen hinter den Augen, welche spirituelle und Energiewahrnehmung aktivieren, liegen brach.

Es ist normal, dass dieser Zustand in den ersten fünf Lebenszyklen vorherrscht, das heißt bis zum fünfunddreißigsten Lebensjahr. In der Zeit werden die meisten Entscheidungen, Wünsche und Bedürfnisse durch die emotionalen physischen Augen bestimmt. Wenn spirituelles Wachstum aktiviert wird, werden die schlafenden Zapfen und Stäbchen stimuliert, und die Wahrnehmung von Energie, Gedanken, Licht und Farbe, die durch das Dritte Auge empfangen werden, drückt sich im entsprechenden Gehirnzentrum aus. Dies wird dann in den bewussten Mind übertragen.

Wenn sich das Dritte Auge in die Mitte bewegt hat, kommen die drei höheren Chakras in eine Linie und erzeugen so die obere Hälfte des Immunsystems von spiritueller und Energiekraft in Verbindung mit der Seele.

Mit zunehmendem Wachstum bewegt sich das Chakra in die Mitte der Stirne, zwischen die Augen. Es bildet sich ein Dreieck zwischen dem Dritten Auge und den physischen Augen, wodurch jede Wahrnehmung im Gleichgewicht erfahren werden kann. Die Person kann nun „Dinge sehen, wie sie wirklich sind" und nicht nur, wie sie durch die Emotionen allein scheinen.

Das Kehlchakra ist das „Sicherheitsventil" des Ausdrucks aller Energien. Sehr oft lässt uns die Kehle wissen, dass wir etwas in uns halten und nicht ausdrücken. Der Hals verschließt sich, wir husten, wir fühlen, als ob etwas fest stecken würde. Wenn wir uns nur aufopfern und Lügen ausdrücken, entwickelt sich Kehlkopfkrebs.

Alle Kommunikationsenergien wandern durch den Körper, um durch die Kehle freigesetzt zu werden. Die Kraft unseres Atems kann helfen, den Mut zum Ausdruck zu finden.

Die unteren Chakras

Wir bezeichnen die unteren Chakras als die Erdenzentren der Energie, die das Gleichgewicht unseres integrierten Ausdrucks darstellen. Eine der wichtigsten Aussagen, die wir treffen können, ist: „Deine Seele gehört Gott, und dein Körper gehört Mutter Erde." Wenn die Zeit kommt, da du diese beiden Energiequellen verbindest und sie im täglichen Leben und für deinen Dienst des Heilens verwendest, dann bildest du einen integrierten Ausdruck von Gleichgewicht und Wohlergehen.

Das Solarplexus-Chakra ist unser Punkt der Verletzbarkeit. Dies ist der Eintrittspunkt für die meiste Energie, die wir aufnehmen oder in unseren Körper projizieren lassen. Es ist das Zentrum, das reaktive Energie von allen Handlungen des Aufopferns und der Schuldgefühle speichert. Wie oft hast du hier schon Schmerzen gespürt, wenn du in einer eigenartigen oder unangenehmen Situation warst? Wenn du Mitleid für jemanden empfindest, dann hast du oft eine innere Reaktion darauf, entweder emotional oder buchstäblich körperliches Mitleiden.

Das Zweite Chakra ist das reaktive Zentrum für emotionale Erinnerungen, das heißt Reaktionen auf alle Ausdrücke von gestörtem Verhalten sind darin gespeichert. Das schließt jegliche Art von Missbrauch ein, sowie die positive und negative Programmierung aller Handlungen, die mit menschlicher Interaktion zu tun haben.

Aus der Energieerinnerung des Zweiten Chakras entwickeln wir all die negativen Affirmationen unsere Gesundheit betreffend, aber auch den Energieanreiz, ein erfolgreiches Leben zu führen.

Dieses Chakra ist das wichtigste Energiebehältnis, welches negative Reaktionen auf Selbstgnade erzeugt. Es hat die größte Auswirkung auf unser bewusstes Verhalten, indem wir durch das Leben gehen und versuchen, unsere wahre Identität zu entdecken.

In den frühen Lebensjahren befindet sich das Zweite Chakra auch etwas links von seiner Mitte. Das erzeugt das Erdendreieck und ist besonders wichtig dafür, die Menschen anzuregen, in ihren emotionalen Ausdruck des freien Willens zu gehen. Im Laufe der Jahre und mit zunehmender Erfahrung wird bewusste Spiritualität stimuliert, und dann bewegt sich das Chakra in die Mitte und kommt auf eine Linie mit den unteren Chakras.

Das Basischakra ist ein funktionales Ausdruckszentrum. Es speichert keine Energiereaktionen aus Erfahrungen. Diese reaktiven Energien sind im Zweiten Chakra gespeichert.

Die intensivste und kraftvollste Erfahrung des Lebens auf der Erde besteht darin, „Liebe" zu entdecken, zu lernen und auszudrücken. Mangelndes Verstehen und unangemessener Ausdruck sind die Hauptursache für viele Arten von gestörtem Verhalten. Dies ist die wahre Funktion des Basischakras. Wir müssen die Antwort auf die Frage finden: „Ist unser Basischakra der Ausdruck unseres emotionalen, sexuellen Verhaltens, oder ist es das Werkzeug für den Wahrheitsausdruck unserer Seele?"

Das Herzchakra

Das Herzchakra ist das verbindende Gleichgewicht zwischen den oberen und den unteren Chakras. Es verteilt die Seelenenergien über den ganzen Körper.

Wir bezeichnen das Herzchakra manchmal als das „Haus oder den Garten der Seele". In diesem Chakra befindet sich der Kern der Seele. Der Kern geht niemals weg. Wenn das geschieht, dann sind wir tot. Von dieser Position aus kann die Seele

Projektionen in alle Bereiche des bewussten und unbewussten Ausdrucks schicken. Auf diese Weise versucht sie, den Lebensausdruck mit dem Zweck ihrer Inkarnation in Einklang zu bringen.

Wenn das Gleichgewicht der oberen und unteren Chakras hergestellt ist, funktioniert das Immunsystem richtig, um die Gesundheit und die Ausgeglichenheit von Körper und Geist zu erhalten. Solange wir in dem bewussten Ausdruck unserer „Seelenwahrheit" bleiben, sind wir gesund. Immer wenn wir eine Handlung setzen, die nicht unsere wirkliche Wahrheit und mit unserer Seele nicht vereinbar ist, dann bewegt sich das entsprechende Chakra aus der Linie hinaus. Das führt zu einem geschwächten Energiefluss im zentralen Meridian oder Immunsystem, wodurch wir für Krankheiten anfällig werden.

Dies sind die sieben Grundchakras oder Energiezentren des physischen Körpers. Es gibt noch viel mehr, und da sich die Menschen mit der Zeit immer mehr entwickeln, werden wir uns ihrer Anwesenheit und jeweiligen Funktion für Leben und Gesundheit immer bewusster werden.

Es folgt nun eine Beschreibung von zwölf zusätzlichen Chakras an der Vorderseite des Körpers und zwölf an der Rückseite. Die Aktivierung und Verwendung dieser Chakras verstärkt die Heilkraft und trägt auch zur Aufrechterhaltung der Gesundheit und zu spiritueller Entwicklung bei.

Vordere Chakras

* Das Magnetische Dritte Auge
Dieses Chakra befindet sich genau zwischen dem Kronenchakra und dem Dritten Auge in der Mitte der Stirne. Es funktioniert mit magnetischen Energien. Wenn es aktiviert wird, dient es als starke Antenne zum Empfang von Channeling- und magnetischen Energien von universellen Ebenen. Diese

Energien können zum Heilen und zur Kommunikation mit äußeren Dimensionen verwendet werden.

* Achselchakras

Sie befinden sich unter dem Arm, wo er in den Oberkörper übergeht. Sie werden benützt, um Energieblockaden in den Oberarmen und Schultern zu energetisieren. Des weiteren werden sie gemeinsam mit den Energieeintrittspunkten auf den Schultern verwendet, um Bursitis oder Arthritis in den Schultern zu heilen.

* Ellbogenchakras

Diese befinden sich im Ellbogen und werden verwendet, um Beeinträchtigungen im Ellbogen zu heilen, wie z. B. Sehnenscheidenentzündung, "Tennisarm" oder Arthritis. Wenn sie gemeinsam mit den Achselchakras verwendet werden, unterstützen sie auch die Energetisierung der Oberarme.

* Handgelenkschakras

Diese Chakras befinden sich im inneren Handgelenk. In Verbindung mit den Achselchakras werden sie verwendet, um den gesamten Arm zu energetisieren. Sie dienen auch bei der Heilung von Arthritis des Handgelenks und der Finger.

* Das Magnetische "Geburtschakra"

Dieses Chakra befindet sich am Nabel. Es ist eine spirituelle „Nabelschnur" zu der Energie der äußeren Dimensionen, zu dem, was wir die „Universelle Zentralsonne" nennen. Das ist ein symbolischer Bereich im Universum, der den Evolutionsweg von neu erschaffenen Seelen „gebiert". Es wird zur Heilung verwendet, wenn man mit einer Person zu tun hat, die die Existenz des Schöpfergottes anzweifelt.

* Hüftchakras

Die Chakras sind oben an der Seite der Hüftknochen. Sie werden als obere Verbindung eingesetzt, um das gesamte Bein bei Durchblutungsstörungen zu energetisieren sowie auch bei Erkrankungen der Hüfte.

* Knöchelchakras
Sie befinden sich an der Innenseite des Fußknöchels. Gemeinsam mit den Chakras an den Fußsohlen werden sie bei allen Zuständen verwendet, die Knöchel, Füße und Zehen betreffen.

Hintere Chakras

* Hellsichtigkeitschakra
Dieses Chakra befindet sich am oberen Hinterkopf am Ende des Scheitels und wird nicht für physische Heilungen verwendet. Wenn es energetisiert wird, dann verstärkt es die Fähigkeit, Energiemuster in Personen und Orten zu spüren und zu fühlen.

* Channelingchakra
Es befindet sich unten am Schädel an der Wirbelsäule. Wenn es energetisiert wird, unterstützt die verstärkte Energie Übertragungen aus spirituellen Existenzebenen zu empfangen.

* Oberschenkelchakras
Die Chakras befinden sich dort, wo die Oberschenkel in das Gesäß übergehen. Dies sind sehr starke und wichtige Chakras. Wenn sie gemeinsam energetisiert werden, erzeugen sie einen Energiefluss durch das Basischakra. Wenn jemand das Opfer von sexuellem Missbrauch war, dann hilft diese Energetisierung, das Basischakra wieder zu öffnen und Liebesschwingungen hineinzubringen. Dadurch kann ein neues Programm für positive Reaktionen dieses Körperzentrums entstehen. Diese Heilung hat sich bei sexuell missbrauchten Menschen als sehr wirksam erwiesen.

* Kniechakras

Sie befinden sich in der Kniekehle und werden bei allen Knieerkrankungen verwendet. Oft werden sie gemeinsam mit den Energieeintrittspunkten seitlich der Knie benützt, wodurch ein sehr wirksames Energiedreieck entsteht.

* Fußchakras

Diese Chakras sind an den Fußsohlen, mitten im Fußballen. Sie verbinden den Beinkreislauf von dem Hüftchakra bis zu den Zehen. Sie energetisieren auch die Reflexzonenpunkte in den Füßen und schicken die Energien an die jeweiligen Körperorgane.

An der Körperrückseite gibt es noch vier zusätzliche Chakras, die wir aus bestimmten Gründen separat anführen. Diese Chakras sind hohe Energiechakras und werden für die Heilung von bereits fortgeschrittenen Erkrankungen verwendet.

Bevor sich jemand spirituell zu entwickeln begonnen hat und sich als Ausdruck seiner Seele akzeptiert, sind diese Chakras nicht geöffnet und können nicht verwendet werden. Es ist wichtig, daran zu denken. Wenn du sie unter solchen Umständen verwendest, wird nichts geschehen, es wird bloß Energieverschwendung sein. Es gibt keine Ausnahmen.

* Oberes Basischakra

Das Chakra ist an der Wirbelsäule, ganz unten am Rücken, knapp über dem Gesäß. Es hängt mit dem normalen Basischakra zusammen, doch es wird für ernsthafte Erkrankungen im Genitalbereich und der Genitalorgane verwendet.

* Oberes Zweites Chakra

Dieses Chakra ist ebenfalls an der Wirbelsäule, ungefähr neun Zentimeter oberhalb des oberen Basischakras. Es hat die gleiche Funktion wie das Zweite Chakra, doch mit viel größerer Energieintensität. Zusätzlich wird es bei fortgeschrittenen

Erkrankungen aller Organe in der unteren Körperhälfte verwendet.

* Schulterblattchakras

Sie befinden sich am Rücken in der Mitte des Schulterblattes. Sie werden immer gemeinsam eingesetzt und sind nicht mit den Chakras an der Vorderseite des Körpers verbunden. Wir verwenden diese Chakras für alle fortgeschrittenen Erkrankungen in der Lunge und im Brustbereich, einschließlich des Brustgewebes.

Die Verwendung der Chakras bei der Energieheilung lässt einen direkten Eingang in das Meridiansystem des Körpers zu. Wenn jemand seine Bewusstheit und den Glauben an den spirituellen Teil des Lebens akzeptiert und verstärkt, dann „entfalten" sich die Chakras immer mehr. Das bedeutet Wachstum und führt zu zunehmender Sensitivität dem Leben und der Seelenexistenz gegenüber.

Wenn du ein Chakra zum Heilen verwendest, dann habe den mentalen Gedanken, das Chakra für dich zu öffnen. Es ist wichtig, das festzustellen. Es schützt deinen Klienten davor, dass andere Energien in seinen Körper eindringen. Wenn du mit der Heilung fertig bist, dann habe folgenden Gedanken: "Ich schließe das Chakra zurück zu seiner normalen Position." Wenn das Chakra größer als normal geöffnet bleibt, dann wird weiter Energie hinein fließen, und das könnte für die Person eine störende Wirkung haben. Sie könnte mit physischem Unwohlsein und Schmerzen von der Energieüberdosis reagieren.

Was ist Leben?

Ich möchte ein Channeling weitergeben, welches einen sehr wichtigen Bezug zum Leben hier auf der Erde hat. Es erzählt die Geschichte der Funktion und des Zweckes von karmischer Lebenserfahrung auf dem Planeten Erde. Wenn du diese Worte liest, dann öffne deinen Geist und begib dich in die Worte hinein, um zu fühlen, wie das mit deinem Leben und deinen vergangenen Erfahrungen zusammenhängt. Die Annahme dieser Konzepte ermöglicht dir größere Einsicht in die Menschen und unterstützt dich in deinen Berater- und Heilertätigkeiten.

Wir sind das „Ursprüngliche Licht". Man könnte fragen, was vor dem Ursprünglichen Licht war. Normalerweise wäre die Antwort auf diese Frage äußerst schwierig, ja fast unmöglich, doch es gibt eine Antwort. Vor dem Ursprünglichen Licht war das Dunkle Licht. Ich sagte nicht, dass nichts da war. Ich sagte nicht, dass die unendliche Leere da war. Es war das Dunkle Licht, und im Laufe der unvorstellbaren Zeit der Existenz muss die starke Gegenwart des Dunklen Lichts als Teil der Existenz erkannt und anerkannt werden. Um das mit euch zu teilen bin ich bei euch.

Ihr seid hier im Dienste des Universums, und bei der Vorbereitung auf dessen Ganzheit befinden sich alle in einem Prozess der Reinigung und Anpassung. Alle Ausdrucksmuster, die nicht in der ausdrücklichen Wahrheit der Seele stehen verflüchtigen sich langsam und verlassen eure Gegenwart. Was heißt das einfacher gesagt? Das Dunkle Licht geht weg, damit das Licht eintreten kann, das Ursprüngliche Licht eurer Seelen.

Die gesamte Menschheit muss anfangen zu verstehen, dass im Streben nach bewusster Evolution, wenn man nach der Einheit mit der Seele sucht und sie erreichen möchte, der Weg dunkel ist. Man macht Erfahrungen der Abwesenheit von Licht, denn ohne die Abwesenheit von Licht, könnte man das Licht nicht erkennen.

Ich lege euch sehr nahe, im Geiste die Seiten eures Lebensbuches noch einmal durchzugehen. Erkennt das Dunkle Licht der Handlungen, die andere euch gegenüber gesetzt haben, und dann wird sich die Tür für euch öffnen. Ihr habt dann die Wahl, das Licht in euch einzuladen. Wenn euch eine Situation ins Bewusstsein kommt, in der es keine Erfahrung des Dunklen Lichts gab, dann seid euch klar darüber, dass es in eurem Leben auftreten wird. Ohne die Erfahrung des Dunklen Lichts wird es nie Vertrauen geben, es wird nie ein Wissen in euch geben, ihr werdet immer Zweifel darüber haben, was ihr als eure Wahrheit betrachtet.

Das Gesetz eures Planeten Erde, die Grundlage eurer karmischen Lebenserfahrung, gründet sich auf Wahlmöglichkeiten, auf Polarität von Energien, die mit dem Ausdruck der Wahrheit eurer Seele zu tun haben. Die Verschiebung des Wahrheitsausdrucks auf dieser polarisierten Frequenz von Licht und Dunkel ist in ständiger Bewegung. Sie kann nicht ruhen, solange auf der Erde Männer und Frauen gesteuert von emotionalen Energien leben. Die Bestimmung der Wahrheit muss eine variable Energie sein.

Wenn eine Erfahrung auftritt, die eine Schattierung von Grau ist, dann wird die Wahrheit in einem Grauen Licht empfangen. Je näher die Erfahrung dem vollen Ausdruck des Dunklen Lichts ist, desto näher kommt der Ausdruck der Ganzheit des Lichts. Manchmal ist das als allmähliches Ablösen der einzelnen „Zwiebelschalen" beschrieben worden. Eine sehr zutreffende Erklärung. Es ist nicht so, dass ihr einen Zustand des Chaos erdulden müsst, aber ihr müsst die Leere des Dunklen Lichts erdulden, die Hingabe. In der Hingabe verschwinden alle Graustufen, die Reinheit des Dunklen Lichts kommt auf euch herab, und ihr ruht in der Leere, um die alten Lebensmuster aufzugeben. Bald erhebt sich dann das Licht über dem Horizont, der Widerstand ist verschwunden, denn ihr habt euch der Wahrheit eurer Seele hingegeben.

Diesmal befindet ihr euch auf dieser Reise. Das erzeugt nicht notwendigerweise Schmerz. Ganz sicher erzeugt es ein Gefühl von Leere. Ganz sicher zerstört es eure Fundamente der Vergangenheit, aber diese Fundamente veränderten sich ständig und manchmal hingt ihr in der Luft. Die Leere des Dunklen Lichts ist tatsächlich der erste Schritt auf den Berg hinauf, erfreut euch auf dem Gipfel und badet in dem Licht eurer Seele.

Dies, geliebte Kinder, ist das Ziel eurer gegenwärtigen Reise. Von allen Dimensionen der Existenz wird alles getan, um euch bei eurer Entscheidung zu unterstützen, die Kerze eurer Seele anzuzünden.

Energie-Eintrittspunkte

Energieeintrittspunkte sind bestimmte Stellen an der Körperoberfläche, die als „Eingang" in das Energiemeridiansystem dienen. Diese Punkte werden nicht als Chakras betrachtet. Sie haben keinen spirituellen „Aufbau" oder eine Verbindung mit der Gottquelle.

Am physischen Körper gibt es viele hundert solcher Punkte, durch die Energie eingeführt werden kann. Bei der Akupunktur wählt der Therapeut aus zweitausend Punkten einen bestimmten aus.

Wir werden nun die am häufigsten verwendeten Eintrittspunkte für Heilung beschreiben. Wir ermutigen dich, diese Punkte in deine Energieheilungen einzubeziehen. Dadurch wirst du Vertauen in deine Fähigkeit erlangen, wirksam Energie an jemanden zu schicken.

Es ist auch möglich, Heilung durch die Eintrittspunkte an sich selbst zu üben. Allerdings ist es weit wirksamer, wenn es jemand anderer macht. Wir neigen alle dazu, „uns selbst im Weg zu stehen". Da wir ja den Zustand selbst gemacht haben, ist es äußerst schwierig, die eigenen Gefühle beiseite zu lassen und sich selbst gegenüber objektiv zu sein.

1. An beiden Seiten des Kopfes, zwei Zentimeter über den Ohren

Zweck: Wiederverbinden von Energiekurzschlüssen im Gehirn, die mit Anfällen/Krämpfen, Kopfschmerzen und Ausfällen mentaler Funktionen zu tun haben.

Anwendung: Die Mittelfinger beider Hände werden an die Eintrittspunkte gelegt. Ein mentaler Gedanke wird projiziert, um Energie von einem Finger durch den Kopf zu dem anderen

Finger zu senden. Das generiert einen Kreislauf, der einen normalen Energiefluss zwischen den beiden Eintrittspunkten wieder herstellt. Wenn das geschieht, fühlt man in den Fingerspitzen ein leichtes Pulsieren. Diese Technik soll nicht länger als zwei Minuten angewendet werden. Heilungen können bei Bedarf alle zwei Stunden durchgeführt werden.

2. An beiden Seiten des Kopfes, zwei Zentimeter neben dem Augenwinkel

Zweck: Erschaffen eines Kreislaufes, der den Augen Energie gibt bei Überanstrengung, Kurzsichtigkeit, Astigmatismus, Suppressionsamblyopie und Legasthenie.

Anwendung: Die Mittelfinger beider Hände werden auf die Eintrittspunkte gelegt. Mental wird der Gedanke projiziert, Energie für den jeweils existierenden Zustand an die Augen zu schicken. Diese Anwendung sollte nicht länger als zwei Minuten dauern, doch sie kann alle zwei Stunden drei oder vier mal täglich wiederholt werden. Diese Heilungstechnik ist nicht geeignet für Glaukome (grüner Star), Katarakte (grauer Star) oder Hornhautprobleme.

3. An beiden Seiten des Kopfes in der Vertiefung hinter den Ohrläppchen

Zweck: Energie für alle Arten von Hals-, Nasen-, Ohrenerkrankungen.

Anwendung: Zeige- und Mittelfinger beider Hände werden auf die jeweiligen Eintrittspunkte gelegt. Mental wird der Zweck für die Heilung und der Bereich festgelegt, der die übertragene Energie empfangen soll. Diese Position wird maximal zwei Minuten gehalten. Die Anwendung kann alle zwei Stunden wiederholt werden.

4. Unter den Augen, an der Nasennebenhöhle

Zweck: Rückgang von Schwellungen, Infektionen und Verstopfung in den Nasennebenhöhlen.

Anwendung: Die Mittelfinger beider Hände werden sanft direkt auf die Nasennebenhöhlen auf beide Seiten der Nase gelegt. Mental wird festgelegt, „Hitzeenergie" zu den Nasennebenhöhlen zu senden. Dies kann helfen, die bestehende Verstopfung zu lösen. Die Position kann fünf Minuten gehalten und nach einigen Stunden wiederholt werden.

5. Das empathische (mitfühlende) Zentrum

Dieser Eintrittspunkt befindet sich genau auf der Mitte des Kopfes. Wenn das Zentrum offen ist, kann man unwissentlich Schmerz von anderen Menschen erfahren und ihn auf sich und seinen Körper übertragen. Man kann ihre Gedanken und Emotionen aufnehmen. Oft öffnet sich dieses Zentrum von selbst und das erzeugt diese unangebrachten Umstände.

Zweck: Schließen des empathischen Zentrums und Befreien von störenden Einflüssen anderer.

Anwendung: Die Fingerspitzen einer Hand werden flach auf den genauen Punkt gelegt und die Feststellung gemacht: „Ich sende Energie, um das empathische Zentrum gegen äußere Energien zu schließen." Diese Stellung wird einige Minuten gehalten, dann ist die Energetisierung abgeschlossen.

Man soll der Person sagen, dass sie das empathische Zentrum durch den Gedankenprozess: „Ich öffne mein empathisches Zentrum für mich" öffnen kann. Nach Verwendung des Zentrums soll sie es wieder mit der Gedankenfeststellung: „Ich schließe mein empathisches Zentrum" schließen. Die Person wird dann fühlen, wie es sich schließt und sie wieder geschützt ist.

6. Komplette Energetisierung des Kopfes

Zweck: Diese Konfiguration plaziert die Finger in einem uralten Muster auf die wichtigsten Energieendpunkte am Kopf. Sie wird verwendet, um den gesamten physischen Körper von Kopf bis Fuß zu energetisieren. Die Anwendung erstreckt sich auf alle Zustände von Ermüdung, allgemein niedriger Energie, emotionalem Stress und alle Krankheiten, die den gesamten Körper betreffen.

Einige der Erkrankungszustände sind hoher oder niedriger Blutdruck, Kreislaufprobleme, Allergien und die meisten Formen von Hautausschlägen.

Anwendung: Beide Daumen werden auf das Hellsichtigkeitschakra hinten auf dem Kopf gelegt. Die beiden Zeigefinger liegen auf dem Kronenchakra, knapp hinter dem Haaransatz; dies bildet ein Dreieck. Die Handgelenke werden nun locker und leicht angehoben und so gedreht, dass die restlichen Finger sich ausbreiten und mit den Spitzen seitlich den Kopf berühren.

Im Mind wird die Bedingung gesetzt, Energie durch die Finger in die Meridianstruktur zu senden, um den ganzen Körper zu energetisieren.

Diese Position wird für fünf volle Minuten gehalten. Die Person sollte weitere fünf Minuten ruhig sitzen, damit sich der Körper an den erfolgten Energieeintritt anpassen kann. Diese Behandlung kann einmal täglich so lange als erforderlich wiederholt werden.

7. Magnetische Heilung der Ohren

Zweck: Einführen magnetischer Energie in die Ohren, um alle Zustände zu energetisieren, die den Bereich Hals-Nase-Ohren betreffen.

Anwendung: Die Hände werden senkrecht gehalten. Der Ringfinger und der kleine Finger werden zur Handfläche hin abgebogen (sie sind an diesem Prozess nicht beteiligt). Der Zeige- und Mittelfinger wird in eine „V"-Stellung gespreizt und der Daumen zwischen die beiden Finger gelegt. So entsteht ein kleiner Energievortex.

Die Hände werden nun direkt vor die Ohröffnung zu beiden Seiten des Kopfes in einer Entfernung von ca. 10 cm gehalten. Vom Mind schickt man Energie die Arme hinunter und durch die Daumen in das „V" hinein. Diese Anwendung erzeugt ein extrem wirkungsvolles Energiekraftfeld. Unter keinen Umständen darf diese Stellung länger als zwei Minuten gehalten werden. Wenn sie länger gehalten wird, könnte Schwindelgefühl oder Desorientierung auftreten.

Die behandelte Person sollte fünf Minuten ruhen bevor sie sich voll bewegt.

8. Schultern

Diese Punkte befinden sich entlang der Schultern, vier an jeder Körperseite.

Zweck: Initiieren des Energieeintritts in alle Bereiche der Arme und des oberen Torso.

Anwendung:

a) Beide Handflächen werden auf die Schultern gelegt und mental wird Energie in die obere Körperhälfte geschickt. Dadurch erhalten möglicherweise geschwächte Bereiche neue Kraft.

b) Die Finger einer Hand werden auf eine Schulter gelegt. Durch die Finger wird Energie in den Körper eingeführt. Die andere Hand wird auf jene Körperstelle gelegt, die die Energie braucht.

c) Mental wird Energie von der Schulter hinunter zur anderen Hand geschickt, und die „müde" Energie wird an die

„Handfläche gezogen". Das ist wichtig, denn man möchte ja nicht, dass die Energie in den eigenen Körper kommt.
d) Diese Eintrittspunkte werden verwendet, um bei Infektionen und anderen geschwächten Energiezuständen in den oberen Körperbereichen Energie zu senden.

9. Handflächen

Zweck: Diese Energieeintrittspunkte haben zwei Funktionen. Sie senden Energie an andere, und sie nehmen auch Energie für das eigene Wohlbefinden auf. Die Punkte werden für alle Zustände oder Energieblockaden in den Armen, von den Schultern bis zu den Fingerspitzen, verwendet.

Anwendung: Diese Punkte werden verwendet, um "müde" Energie aus den Armen zu entfernen. Die Energie wird von der höheren Armposition eingeführt, d.h. den Schultern, Ellbogen oder Handgelenk, und dann durch mentale Gedanken durch den Eintrittspunkt in der Handfläche entfernt. Wenn man die Finger behandelt, zum Beispiel bei Arthritis, wird die Energie durch die Handfläche eingeführt und durch die Fingerspitzen entfernt.

10. Die Fingerspitzen

Zweck: Diese Punkte dienen sowohl zum Übertragen als auch zum Empfangen von Energie. Außer dem Energetisieren werden noch viele Heilanwendungen durch die Fingerspitzen durchgeführt. Ihre Funktion besteht darin, das Entfernen von Energieblockaden in den Fingergelenken zu unterstützen. Der Heilungsprozess beinhaltet oft auch das Verteilen von Energie durch die Finger an andere Körperstellen. Wenn man anhaltend mit den Händen heilt, dann entwickeln die Fingerspitzen eine starke Sensitivität für den Energiezustand des Körpers eines Klienten.

Anwendung: Energie wird mit mehreren Fingern durch die Mitte der Handfläche des Klienten eingeführt. Die Finger der anderen Hand werden auf die Fingerspitzen gelegt und mental wird

Energie in die Handfläche geschickt. Die „müde" Energie wird mit den Fingern jener Hand entfernt, die auf den Fingerspitzen liegt.

Dieser Prozess hilft sehr gut beim Entfernen von Energieblockaden in den Fingergelenken.

11. Energieeintrittspunkte zwischen Daumen und Zeigefinger

Zweck: Dieser Punkt heißt „Tor zur Seele". Wenn sie die entsprechenden Bedingungen setzen, können zwei Menschen eine emotionale und spirituelle Verbindung von Frieden und Liebe zwischen sich schaffen. Sehr häufig schaltet diese Verbindung Stress und Unbehagen in Beziehungen aus, da eine Bewusstheit und Erfahrung der Seelenenergie des anderen stattfindet.

Anwendung: Eine Person streckt die Hände mit der Handfläche nach oben aus. Die andere Person streckt die Hände mit der Handfläche nach unten aus. Jeder legt nun die Spitze des Daumens zwischen den Daumen und den Zeigefinger des anderen. Dadurch entsteht eine Energieverbindung.

Man schließt die Augen und fängt an, den beginnenden Energieaustausch zu erfahren. Der Geist bleibt entspannt, und eine „Liebes"-Heilung fließt zwischen den beiden.

Wenn Gedanken hochkommen, erlaubt man ihnen, hereinzukommen und sie zu teilen. Dies wird eine noch engere Verbindung, Harmonie und Gleichgewicht zwischen den beiden Personen schaffen.

12. Obere Oberschenkel

Zweck: Der Hauptzweck für diese Art von Heilung besteht darin, emotionale und sexuelle Blockaden zu entfernen und zu heilen. Die Punkte sind auch wirksam beim Ersetzen von

Energie im Zusammenhang mit Prostataerkrankungen, Vaginal-
infektionen und menstrueller Unregelmäßigkeit.

Anwendung: Zwei Finger werden an die Oberschenkel, wo sie in
den Körper übergehen, gelegt und mental Energie in diese
Punkte projiziert. Das Ziel besteht darin, einen Energiekreislauf
zwischen den beiden Oberschenkeln zu erzeugen, welcher durch
die Genitalien und die emotionalen Ausdruckszentren des
Körpers läuft. Diese Position wird fünf Minuten gehalten und
dann losgelassen. Während dieser Anwendung wird die
behandelte Person etwas in diesem Bereich spüren. Anfänglich
kann sie mit Angst oder Unbehagen reagieren. Man ermutigt sie
dann, weiterzumachen, durchzugehen und die Erfahrung auf
eine neue Ebene zu bringen; auf eine, die nicht sexuell ist,
sondern spirituell und sicher. Nach einigen Minuten wird sie
Wärme und Friede, ein angenehmes Gefühl der Sicherheit und
ein neues Verhältnis zu ihrem Körper spüren.

13. Knie

Zweck: Diese Punkte sind für alle Energiezustände, die die
normalen Funktionen des Knies betreffen.

Anwendung: Zwei Finger jeder Hand werden an beide Seiten
eines Knies gelegt. Mental wird Energie von einer zur anderen
Hand geschickt. Dies erzeugt einen Energiekreislauf, der
zwischen den Händen hin- und herfließt. Diese Stellung wird
fünf Minuten lang gehalten. Der so geschaffene Kreislauf
unterstützt das Durchbrechen von Blockaden, die im
Kniebereich womöglich Steifheit, Schwellungen und Wundsein
verursacht haben. Diese Behandlung ist auch sehr wirksam bei
Arthritis in den Kniegelenken.

14. Zehenspitzen

Zweck: Linderung von Schmerz und Energieblockaden, die sich
in den Zehen gebildet haben.

Anwendung: Der Daumen einer Hand wird auf das Chakra am Fußballen gelegt. Die Finger der anderen Hand werden jeweils an die Zehenspitzen des gleichen Fußes gelegt. Mental wird Energie in das Chakra am Fußballen und direkt zu den Fingern an den Zehenspitzen geschickt. Diese Stellung wird fünf Minuten lang gehalten.

Während dieses Prozesses kann die behandelte Person einen leichten Schmerz verspüren. Wenn das der Fall ist, sagt man ihr, dass das vom Auflösen der Energieblockaden kommt und in einigen Minuten verschwinden wird.

15. Physisches Herz

Zweck: Zur Linderung von Spannung und emotionalem Leiden, damit die behandelte Person Liebe auf eine sichere Art erfahren kann.

Anwendung: Eine Hand wird flach über das Herz gelegt. Man zieht durch das eigene Kronenchakra Energie in sich hinein, schließt die Augen, entspannt sich und schickt sie mental durch die Hand in das Herz der behandelten Person. Man schickt ihr Liebe; nicht emotionale Liebe, sondern Liebe der Gnade, Gottes Liebe.

Wenn jemand ein Herzleiden hat, legt man die Hand nicht auf den Körper, sondern hält sie mindestens fünfzehn Zentimeter darüber. Man setzt mental die Bedingung, dass man durch den Energieeintrittspunkt eine sanfte und weiche Schwingung in einer mit dem Energiefeld des Herzens kompatiblen Frequenz schickt.

Dies sind die wichtigsten körperlichen Energieeintrittspunkte für Heilungsenergie. Die meisten können gemeinsam mit jenem Chakra verwendet werden, das der zu heilenden Stelle am nächsten ist.

Die Aura

Die Aura ist ein strahlendes Energiefeld, welches vom Chakra des Dritten Auges im physischen Körper ausgeht. Wir nennen dieses Chakra das Siegel der Aura, da es den Körper vor dem Eintreten äußerer Energien und Negativität schützt.

Die Aura setzt sich aus drei verschiedenen Energiequellen zusammen. Es handelt sich dabei um die strahlende Energie der Seele, das magnetische Meridiansystem des Körpers und die Erdenmeridiane der emotionalen Ausdrucksenergien des Lebens.

Das aurische Energiefeld erstreckt sich bis zu drei Meter um den Körper herum. Es ist ein pulsierendes, sich ständig veränderndes strahlendes Licht. Es reflektiert unseren augenblicklichen mentalen, physischen emotionalen und spirituellen Lebenszustand.

Beispiele:

1. Wenn wir wütend oder aufgebracht sind, wird unsere Aura „heiß" und die Farbfrequenz der Energie erscheint rot und strahlt ein warmes Empfinden oder Gefühl aus. Wir nehmen das als rotes Gesicht, Schwitzen oder nur als ein Gefühl der Hitze wahr.

2. Wenn wir in einem spirituellen Ausdruck sind, zum Beispiel in Meditation oder an einem Ort der Anbetung, wird unsere Aura hauptsächlich zartblau mit weiß kombiniert. Dies reflektiert unsere Bewusstheit über die Gegenwart Gottes. Die Farben und die Energie sind ruhig und entspannt, und oft geht es uns sehr gut.

3. Wenn du jemanden heilst, wird deine Aura beginnen, sich in unterschiedlichen Abstufungen von grün und blassrosa zu projizieren, je nach der Art der Heilung, die du vornimmst.

Grün ist die Farbe des „Heilens aller Zustände". Rosa hat mit der universellen Gesundheit der Seele zu tun.

4. Wenn du krank, müde oder durch Stress geschwächt bist, zeigt sich das in der gedämpften Farbe deiner Aura. Sie verliert ihre Strahlkraft und Klarheit. Das deutet immer auf eine geschwächte innere Energie hin.

Jede Unausgeglichenheit im Körper hat eine Energiereaktion, die in das aurische Feld um den Körper herum übertragen wird. Wenn du zum Beispiel vor zwanzig Jahren eine Operation hattest, wird im Aurafeld noch immer „Narbenenergie" wahrnehmbar sein. Jeder Ausdruck von innerer Unordnung projiziert sich als „heißer Fleck" in das Aurafeld. Das kann man feststellen, indem man mit der Hand ungefähr zehn Zentimeter über die Körperoberfläche fährt. Wenn es dann einen Bereich gibt, der eine Entzündung oder Krankheit enthält, fühlt man die Veränderung in der Wärme der Aura über dem jeweiligen Bereich.

Die Aura kann als Mittel zur Heilung verwendet werden. Wir haben bereits gesagt, dass wenn jemand nicht an die Existenz Gottes glaubt, man ihn dann nicht mit Gottes Licht heilen kann. Allerdings hat dennoch jeder ein Recht auf Heilung, denn Gott ist Göttliche Gnade. Unter diesen Umständen kann man eine sogenannte Auraheilung vornehmen.

Diese Form des Heilens ist am wirksamsten, wenn die Person aufrecht steht, denn dadurch ist der Körper und die Aura ausgerichtet und sie fließt gleichmäßig aus dem Drittten Auge die gesamte Körperlänge hinab.

Der Vorgang ist so, dass du dich neben die Person stellst und mit dem Atem Energie in dein Kronenchakra ziehst. Von deinem Mind aus, schicke die Energien zu deinen Händen hinunter. Nach ein paar Minuten wirst du in den Energieeintrittspunkten an deinen Fingerspitzen ein Kribbeln spüren. Schließe die Augen und sei dir der Energie an deinen Handflächen und Fingerspitzen bewusst.

Normalerweise fühlen wir durch körperliche Berührung und Druck. Bei Energie ist es allerdings anders. Wir müssen die Fähigkeit entwickeln, Energie durch Schwingungen und Temperatur wahrzunehmen.

Wenn du dies spürst, halte deine Hände neun Zentimeter über den Kopf der Person und bewege sie ganz langsam den Körper hinunter, wobei du jeweils mit den Händen der Körperlinie folgst. Werde dir bewusst, was du dabei spürst. Wenn du eine Stelle erreichst, wo du eine Veränderung der Temperatur oder Wärmeenergie wahrnimmst, halte inne und versuche den genauen Punkt dieser Veränderung zu lokalisieren. Wenn du die Füße erreicht hast, berühre mit den Händen den Boden und transmutiere mental die Energie, indem du sie der Erde zurückgibst.

Nun wiederholst du den Vorgang vorne und hinten und auf der anderen Seite. Insgesamt führst du es an vier Positionen um den Körper herum durch. Nach jedem Mal gibst du die Energien an die Erde zur Transmutation zurück.

Diesen Vorgang nennt man „Reinigen der Aura". Der Zweck besteht darin, „Energieschmutz", der sich im Laufe des Tages oder über einen längeren Zeitraum angesammelt hat, zu entfernen. Wir ziehen alle ein gewisses Maß an Negativität von anderen Menschen an. Dies bleibt solange in der Energie der Aura bis es gereinigt wird.

Es ist auch wirksam, die Aura zu reinigen, wenn die Person liegt. Dann geht man so vor, dass man jeweils eine Körperseite bearbeitet. Die Person muss sich dann umdrehen, so dass man wiederum alle vier Seiten durchgehen kann.

Man hat bereits beträchtliche Untersuchungen und Experimente mit der Energie der Aura gemacht. Mit der Zeit wird sie als absolut genaues diagnostisches Werkzeug für die Isolierung und Lokalisierung von Krankheiten herangezogen werden.

Heilung des Zellgedächtnisses

Wenn eine Seele im Augenblick der Zeugung in den Fötus eintritt, schließt ihre Energie die Trinität der Erschaffung ab, bestehend aus Ei, Spermium und Seele. Manchmal bezeichnen wir dies als die Erschaffung im „Ebenbild Gottes", denn unsere Seele setzt sich aus männlichen, weiblichen und Liebesenergien zusammen.

Indem sich das befruchtete Ei zu teilen und zu vermehren beginnt, ist die Seele ein integraler Bestandteil des Prozesses und fügt ihre Essenz jeder zusätzlichen Zelle hinzu. Ein Kind wird erschaffen, das letztendliche „Wunder", und in jeder Zelle seines Seins ist die Essenz, das Gedächtnis und die Erinnerung der Seele.

Es ist nicht schwierig, eine einfache Definition von Zellgedächtnis zu geben. Es erfordert einen offenen Geist und die Erkenntnis, dass in jeder Lebenssituation alle Möglichkeiten offen stehen. Wenn du diesen Gedanken annehmen kannst, eröffnet sich eine ganze Welt von neuen Konzepten und Wirklichkeiten für dich.

Zellgedächtnis ist die energetische Präsenz der „Gesamtsumme aller Erfahrungen, die die Seele im Laufe ihrer gesamten Existenz abgeschlossen hat". Dies hat grundsätzlich mit dem Zweck dieses jetzigen Lebens zu tun, doch es schließt das Gleichgewicht des Seelenausdruckes auf der Erde und anderen Dimensionen, sowohl physisch als auch als reine Energie, mit ein.

Wenn die folgenden Aussagen Teil deines spirituellen Glaubenssystems sein können, verstehst du vielleicht die Orchestrierung des Lebens hier auf der Erde.

* Die Existenz der Seele ist ewig.
* Die Seele inkarniert in zunehmend komplexen Zivilisationen, um ihre Erfahrungen, ihr Lernen und ihre Entwicklung voranzutreiben.
* Energie ist ewig. Jeder Gedanke und jede Aktion generieren ein reaktives Energiemuster, welches schließlich Teil der Seelenentwicklung wird.

Diese Aussagen beinhalten die Tatsache, dass die reaktive Energie jeder Erfahrung, die du abschließt oder die dir jemand anderer auferlegt hat, dein gesamtes Leben lang in deinen Zellen bleibt. Diese reaktiven Energien werden zur Grundlage von automatischen Reaktionsmustern in deinem Unterbewusstsein. Wir bezeichnen dies oft als die karmischen Lektionen und Lebenserfahrungen.

Wenn das jetzige Leben abgeschlossen ist, absorbiert die Seele alle Energien der persönlichen Erfahrungen und die unbewussten Reaktionsmuster. Dies ist dann das Seelenwachstum der Inkarnation und bleibt für ewig in der „Gedächtnisbank" der Seele erhalten.

In jeder Gesellschaft auf der Erde wird der Großteil der automatischen Reaktionsmuster durch das Ergebnis von emotionalen Erfahrungen und Entscheidungsmustern des freien Willens festgelegt. Als Kind werden einem diese gewöhnlich durch die Familie und das gesellschaftliche Umfeld auferlegt. Sobald die reaktive Energie erschaffen wurde, setzt sie sich in jenen Körperzellen ab, die mit der ursprünglichen Aktion assoziiert sind. Die Energie bleibt dann dort und reagiert in Zukunft von jenem Teil des Körpergedächtnisses aus.

Das Universum sagt uns, dass Energieausdrücke in aufsteigenden und absteigenden Polaritäten auftreten.

* Eine Seele wird erschaffen, ein Kind wird geboren.
* Eine Seele lernt, dass andere Seelen existieren, ein Kind entdeckt andere Menschen.
* Eine Seele baut Verbindungen mit anderen Seelen auf, ein Kind setzt sich mit anderen Kindern in Beziehung.
* Eine Seele beginnt sich zu entwickeln, indem sie sich höheren Energien aussetzt, das Kind fängt an, in der Schule zu lernen.
* Sowohl die Seele als auch das Kind erhalten eine „höhere Ausbildung".

Wir sind also hier in einem Leben auf dem Planeten Erde. Warum die Erde? Schließlich sagen uns die Astronomen doch, dass es allein in unserer Galaxie mehr als 300.000.000 Planeten gibt.

Warum lernen wir in der Schule Mathematik? Weil sie Teil des Ganzen ist, ein Teil unserer Ausbildung. Die Seele kommt auf den Planeten Erde, um bestimmte „Gegenstände" der Erfahrung zu belegen und ihre Ausbildung zu verbessern.

Die einzigartigen Aspekte des Lebens auf der Erde haben mit einem emotionalen Ausdrucks- und Reaktionsmuster zu tun und auch mit dem wichtigsten Faktor in unserem Leben, unserem freien Willen.

Betrachten wir einmal das Konzept, dass wenn eine Seele sich ein Erdenleben aussucht, sie auch die „Gegenstände" auswählt, die sie erfahren und als Teil ihrer Entwicklung abschließen möchte. Sie wählt die Eltern aufgrund ihrer Genetik und den Erbfaktoren, sowie ihrer bewussten Persönlichkeit aus. Sie wählt die astrologisch richtige Zeit für ihre Geburt und auch die Schwingungen ihres Namens. Sie tut alles nur mögliche um sicherzugehen, dass ihr Leben zum Abschluss der gewünschten Erfahrungen führt.

Weißt du, was das bedeutet? Das bedeutet, dass du und alle anderen „perfekt für die Seele seid"! Du bist genau so, wie deine Seele dich haben wollte. Es gibt kein:

* * Zu groß oder zu klein.
* * Zu dick oder zu dünn.
* * Zu große oder zu kleine Brüste.
* * Lieber ein Mann, lieber eine Frau sein.
* * Gute oder nicht gute Gesichtszüge.

Kannst du dich endlich annehmen? DU BIST PERFEKT FÜR DEINE SEELE!

Ich habe viele Geschichten von Menschen gehört, die über ihre „Konditionierungen" aus vergangenen Leben erzählt haben. Sie nennen das „Karma aus vergangenen Leben". Dies kann zutreffen, wenn ihre Definition von Karma Erfahrung ist und nicht Bestrafung.

Im Laufe des Lebens, wenn eine gewisse Reife einsetzt, dann erwacht die Erinnerung in den Zellen. Wenn dies geschieht, können unsere Emotionen, Handlungen und Gefühle durch das Zellgedächtnis von vergangenen Lebenserfahrungen der Seele beeinflusst werden. Konditionierungen aus vergangenen Leben können dazu führen, dass wir einige ungewöhnliche Verhaltensmuster an den Tag legen. Dazu gehören Angst vor Wasser, vor Höhe, vor Tieren, vor Konfrontationen und viele andere scheinbar unerklärbare Reaktionen.

Allerdings ist der Prozentsatz von automatischen Reaktionen aus vergangenen Leben sehr gering. Der Großteil dieser Muster sind das Ergebnis von Konditionierungen und gestörtem Ausdruck im gegenwärtigen Leben. Diese Zustände müssen ans

Tageslicht gebracht und bearbeitet werden, wenn sich jemand von unerwünschten reaktiven Ausdrücken befreien möchte.

Wir nennen diese Muster häufig die „Schatten der Seele". Definitionsgemäß ist ein Schatten ein nicht erfahrenes und gelebtes Energiemuster in den unterbewussten Erinnerungszentren. Der Schatten wird immer existieren, da Energie ja ewig ist. Mit dem richtigen Verständnis und angemessener Behandlung können sie zu passiven Erinnerungsausdrücken werden, von denen die Person lernen und sich bewusst entwickeln kann.

Die wichtigsten reaktiven Schatten in den Zellgedächtniszentren sind:

Das Zweite Chakra
Dieses spirituelle Energiezentrum enthält alle Zellerinnerungen aus gestörtem Verhalten und Zurückweisung. Es speichert und zeichnet alle emotionalen reaktiven Energien auf, die aus Lebenserfahrungen kommen. Dadurch wird ein unterbewusstes Programm erzeugt, welches das gesamte zukünftige Verhalten sowohl positiv als auch negativ beeinflusst.

a. Die Erfahrung: Als Kind nicht genug Liebe bekommen.
Das Programm: „Ich bin Liebe nicht wert."

b. Die Erfahrung: Körperlicher, mentaler, emotionaler oder sexueller Missbrauch.
Das Programm: „Es war meine Schuld. Ich war ungezogen."

c. Die Erfahrung: Trennung oder Scheidung der Eltern.
Das Programm: „Menschen, die ich liebe, verlassen mich."

d. Die Erfahrung: Mit sexueller Angst oder Scham erzogen werden.
Das Programm: „Mein Körper ist schmutzig und böse."

e. Die Erfahrung: Die Eltern wollten lieber einen Jungen / ein Mädchen.
Das Programm „Ich bin ein ungewolltes Kind."

f. Die Erfahrung: Eheliche Untreue.
Das Programm: „Ich bin als Ehefrau/Ehemann ein Versager."

Durch die Erfahrung in der spirituellen Beratung und Heilung von vielen Menschen habe ich die obigen Muster als die häufigsten reaktiven Ausdrücke festgestellt, welche im Zellgedächtnis des Zweiten Chakras „gespeichert" sind.

Der Durchschnittsmensch geht durchs Leben und ist sich der Programmierung völlig unbewusst. Alles, was er weiß, ist, dass irgendetwas nicht stimmt und er sich in seinem Leben unerfüllt fühlt.

* Das Solarplexus-Chakra
Dieses Chakra enthält das Zellgedächtnis aller Handlungen, die zu einem Aufopfern führten. Die Wiederholung dieser Handlungen führt schließlich zu emotionalen Schuldgefühlen sich selbst oder anderen gegenüber.

a. Die Erfahrung: Anderen sagen, was man glaubt, dass sie hören wollen.
Das Programm: „Wenn ich es ihnen recht mache, dann werden sie mich akzeptieren."

b. Die Erfahrung: Immer alle glücklich machen.
Das Programm: „Ich vermeide Konfrontation und halte immer Frieden um jeden Preis."

c. Die Erfahrung: Nicht in Wahrheit handeln.
Das Programm: „Wenn ich tue, was sie wollen, dann werden sie mich vielleicht endlich lieben."

Der Großteil der Handlungen, die mit dem Solarplexus-Chakra zu tun haben, werden als Ergebnis der Programmierung im Zweiten Chakra gesetzt. Wenn wir fühlen, dass in unserem Leben etwas nicht stimmt oder fehlt, dann setzen wir verschiedene Aktionen, um es zu entdecken und die Situation zu korrigieren. Das geschieht sogar unterbewusst.

Die häufigsten Handlungen des Aufopferns sind:

* Nach der Zustimmung anderer streben.
* Negative Handlungen der Eltern rechtfertigen.
* Lebenslange Sicherheit suchen.
* Nach jemandem suchen, der „ich liebe dich" sagt.
* Immer Frieden halten, ja "an nichts rütteln".
* Rollen spielen, um nicht erkannt zu werden.
* Selbstsabotage.
* Alles tun, um Konfrontation zu vermeiden.
* Immer so sein, wie andere einen haben wollen.

Die beste Art, um aus Handlungen des Aufopferns herauszutreten, besteht darin, vor jeder Entscheidung oder Aktion innezuhalten. Mache einen Atemzug und stelle dir eine Frage: „Wenn ich dies tue, ist es ein Opfer oder ist es wirklich meine Wahrheit?" Sich darüber bewusst sein, wie leicht es ist, in die „Falle" zu tappen, bringt einen auf den Weg der Neuprogrammierung des betreffenden Zellgedächtnisses.

* Die rechte Brust
Dieses einzigartige Energiezentrum enthält sowohl bei Männern als auch bei Frauen die Energien der Selbstliebe. Mangelnde Selbstliebe kommt daher, dass man seinen Körper und seine Proportionen nicht akzeptiert. Wenn man sich nicht akzeptiert, wie man heute ist, dann kann man das auch mangelnde Selbstgnade nennen.

Dieser Zustand kann das Ergebnis von wiederholten Mustern der Abweisung sein, die eine negative Einstellung sich selbst gegenüber bewirkt haben.

* Die linke Brust
Das Gewebe in der linken Brust enthält die Energien von anhaltender Wut, Ärger und Verurteilung von sich selbst oder anderen. Sehr oft manifestiert sich dieser Zustand, wenn wir mit dem Finger anklagend auf jemanden zeigen. Wir müssen beginnen, die totale Verantwortung für unsere Handlungen und unser Leben zu übernehmen.

Schattenenergien und ungewollte zelluläre Erinnerungsmuster können durch angemessene Beratungstechnik und das Spüren von Energieveränderungen im jeweiligen Körperteil festgestellt werden. Viele dieser Zustände können durch Erfahrungen, verbessert werden, die die alten ersetzen. Indem man der Person eine Wahl bietet, erkennt sie, dass sie ihr Verhalten ändern und ein erfüllteres Leben führen kann.

Durch Meditation und geführte Techniken der Vorstellungskraft können wir die Erfahrung der Polarität des bestehenden Schattens erzeugen. Die gesamte Energie der Ausdrucksmuster besteht in uns in reiner Polarität. Dies ist die Grundlage des freien Willens, der Entscheidungsmöglichkeiten im Leben. Die häufigsten sind:

Liebe	Hass
Erfolg	Versagen
Wertsein	Unwertsein
Be- und Verurteilung	Gnade
Ablehnung	Annahme
Verlassensein	Einheit
Aufopfern	Wahrheit
Freude	Traurigkeit
Friede	Aufruhr

Wenn du mir sagst, dass du dich immer unwert fühlst, dann werde ich zu dir sagen: „Komm und lass uns nach innen gehen. Dort muss es ein Muster des Wertseins geben. Lass es uns finden." Das können wir auch, es muss da sein. Das ist das Gesetz der polaren Energie.

Du kannst dieses Konzept auf alles anwenden, auf jedes Muster, das du bewusst ausdrückst und welches dir nicht mehr dient. Es kommt alles von deiner mentalen Kraft. Das ist der wahre Ausdruck des freien Willens. Es gibt in allem im Leben eine Wahl, ausnahmslos.

Wenn du eine erste Erfahrung eines gewünschten polaren Ausdrucks machst, dann wird der Körper das „neue Wahrheitsprogramm" innerhalb von dreißig Tagen akzeptieren, wenn du es täglich wiederholst. Das deaktiviert das alte Muster des Schattens und bringt es in eine passive Erinnerungsposition, damit in Zukunft daraus die Weisheit der Wahl gelernt werden kann.

Du bist der bewusste Ausdruck deiner Seele. Das heißt, das es in deiner Verantwortung liegt, die Aktionen und inneren Reaktionsmuster zu erzeugen, die im Einklang mit dem Wunsch und Willen deiner Seele stehen. Niemand ist hier, um für irgendetwas oder ein vergangenes Muster von Zellerinnerung bestraft zu werden. Das sind Illusionen.

Wir sind alle hier, und ich meine wirklich alle, um ein Leben der persönlichen Freiheit, des Friedens und der Freude zu führen. Wir haben die Kontrolle wenn wir nur die notwendigen Maßnahmen ergreifen, um diesen Zustand im Leben zu erreichen.

Erfolg- und Versagensmechanismen

Die Polarität von Erfolg und Misserfolg gehört zu den häufigsten Mustern für Ursachen von Krankheiten. Sie führt auch zu inneren Be- und Verurteilungen, welche wiederum das spirituelle Programm für die Erkrankung erschaffen.

Um diesen Mechanismus erfolgreich nützen zu können muss man den Unterschied von Erfolg und Versagen verstehen, denn das trägt zu diesem Programm bei.

1. Richtung und Zielsetzung
„Wer glaubt es zu können, kann es. Wer zweifelt, bleibt stehen."

Damit du einen Erfolg erzielen kannst, musst du eine Richtung haben. Du musst wissen, wohin du gehst. Es muss etwas geben, bei dem du Erfolg haben kannst, und daher werden wir uns mit Zielen befassen.

Ein Ziel erwächst aus einem für uns gültigen Bedarf oder Bedürfnis. Wenn wir einen Wunsch zum Ziel machen, dann wird es keine Gültigkeit haben, denn Wünsche sind rein emotional und oft Illusionen des Ego. Ein Wollen fängt als Wunsch an, doch du kannst die Perspektive verändern, indem du dir eingestehst, dass es nicht ein Bedürfnis ist, sondern du es einfach nur willst. Schließlich haben wir das Recht sowohl auf Dinge, die wir wollen, als auch auf solche, die wir brauchen. Die meisten unserer Ziele entstehen aus unseren Bedürfnissen. Wir müssen die Gültigkeit eines potentiellen Bedürfnisses bestimmen.

Wenn du dir Ziele setzt, dann musst du dir dessen bewusst sein, dass es zwei Kategorien gibt, nämlich kurzfristige und langfristige. Der Durchschnittsmensch setzt sich keine kurzfristigen Ziele, sondern blickt auf das Gesamtbild und auf das Endergebnis seines Zieles. Aus diesem Grund erleben so viele Menschen Misserfolge oder das, was sie Versagen nennen.

Wir dürfen die Psychologie nicht außer acht lassen, denn sie erinnert uns daran, dass der beste Anreiz im Leben ein Erfolgserlebnis ist.

Wenn du dir zum Beispiel als Ziel setzt, $ 10.000 zu sparen, dann ist das großartig, aber es reicht nicht aus. Du musst dir dafür monatliche Ziele setzen. Wenn du beschließt, $ 300 im Monat beiseite zu legen, dann ist das ein kurzfristiges Ziel. Wenn du dir nicht solche Etappenziele schaffst, dann dauert es zu lange, bis du einen Erfolg erlebst. Das Sparen von $ 10.000 rückt dann in weite Ferne, und innerhalb von drei Monaten verlässt dich die Motivation. Wenn du monatlich etwas sparst, dann erlebst du auch monatliche Erfolge, und das gibt dir neuen Anreiz, dein Ziel zu erreichen.

Dieses psychologische Werkzeug ist für alle wichtig. Dadurch bringt man sich in ein Muster des Erfolgs. Kleine Erfolge, einer nach dem anderen, bewirken, dass man erfolgsorientiert wird.

Ziele bleiben nicht immer konstant. Sehr oft findet eine Neueinschätzung statt, und die Ziele werden ausgeweitet. Um bei dem Beispiel mit den $ 10.000 zu bleiben, könntest du vielleicht bei einem Guthaben von $ 6.000 beschließen, dein Ziel auf $ 15.000 auszuweiten. Das wäre eine sehr positive Aktion, denn als Ergebnis deiner Zwischenerfolge, ist deine Motivation gewachsen, und deine Erfolgsorientierung stimuliert weitere Erfolge.

Der Unterschied zwischen Erfolg und Versagen kann nicht genau festgemacht werden. Du fühlst dich vielleicht sehr erfolgreich wenn du $ 20.000 im Jahr verdienst. Ein Bekannter von dir verdient doppelt soviel und betrachtet dich im Stillen als Versager. Erfolg ist immer relativ zu den Zielen, die sich der einzelne gesetzt hat. Lebe dein Leben in der Einstellung, dass das Glas Wasser immer "halb voll" und nicht "halb leer" ist.

Es gibt keine konkrete Definition oder Beschreibung, die uns als Richtlinie für Erfolg oder Versagen dienen kann. Wenn du die Polarität dieser Energie akzeptieren kannst, dann lebst und agierst du in unterschiedlichen Stufen von Erfolgen.

Wenn du dir Ziele setzt und eine Richtung für dich bestimmen willst, dann nimm dir Zeit dafür, setze dich ruhig hin, meditiere und überprüfe die Richtung für dich. Ist das etwas, was für dich stimmt oder ist es etwas, was andere von dir wollen? Wenn das Ziel nicht ganz und gar für dich stimmt, dann wirst du den gewünschten größeren Erfolg nicht erreichen.

Erfolg ist eine emotionale Reaktion, und wenn du das Ziel dann erreichst, würdest du dich nicht als erfolgreich betrachten, wenn du es nur unter dem Druck anderer gewählt oder getan hast, um sie glücklich zu machen. Deine Eltern wollen, zum Beispiel, dass du studierst. Du gehst zwar nicht gern in die Schule, aber du tust es trotzdem, um es ihnen recht zu machen. Auch wenn du die Universität dann abschließt, wirst du dich nicht erfolgreich fühlen. Du wirst fühlen, dass du dich aufgeopfert hast und wirst unzufrieden sein.

Ich wiederhole nochmals, dass Erfolg eine emotionale Reaktion auf eine Handlung ist, die du in deiner Wahrheit und gemäß deiner Entscheidung vorgenommen hast. Wenn du es nur tust, um anderen einen Gefallen zu tun, wirst du dich nie erfolgreich fühlen. In Wirklichkeit hast du dich damit zum Opfer gemacht.

2. Verstehen
Wir müssen stets daran denken, dass es keine Rolle spielt, wer in einer Situation recht oder unrecht hat, das ist ganz egal.

Erinnern wir uns an den Ausspruch: „Es ist besser, wenig zu verstehen als viel misszuverstehen."

Was hat dieses „Verstehen" mit dem Leben zu tun? Es bezieht sich auf das Verstehen von sich selbst und auch von anderen. Verstehst du dich? Wenn du dich nicht verstehst, wie kannst du dann erwarten, andere zu verstehen? Du wirst sie immer im „Spiegel" deines eigenen Selbstbildes sehen.

Sich selbst zu verstehen setzt sich aus vielen Bereichen zusammen.

* Bist du gesellig und extrovertiert?
* Bist du schüchtern und zurückgezogen?
* Was ist im Leben wichtig für dich?
* Was möchtest du im Leben erreichen?
* Bist du glücklich und abgesichert mit einem Partner und Kindern, die dein Leben teilen?
* Bist du jemand, der immer draußen in der Welt sein muss, um seine persönlichen Ziele zu erreichen?
* Bist du jemand, der den ganzen Tag lang in einem Büro sitzen kann?
* Brauchst du bei deiner Arbeit den ständigen Austausch mit Menschen?
* Wie viel Liebe brauchst du?
* Wie viel Liebe bist du bereit, mit anderen zu teilen?

Vertrauen Entwickeln

Die Aussage, dass deine Existenz die Kraft deines Minds ist, soll in dir ein inneres Verstehen bewirken. Damit möchte ich dich ermutigen, auszuprobieren und zu akzeptieren, dass jede deiner emotionalen Reaktionen und jedes deiner Muster verändert werden kann. Es ist nie zu spät für Veränderungen im Leben. Die Zahl der Jahre hat nichts damit zu tun, es liegt an deiner Einstellung, ob du deinem Mind erlaubst, bloß entspannt im Schaukelstuhl zu sitzen, oder ob du seine ewige Kraft und seine Fähigkeit akzeptierst, sich ständig auszudehnen.

All unsere emotionalen Ausdrucksmuster sind miteinander verbunden und hängen zusammen. Ein Missverstehen beeinflusst den positiven Ausdruck anderer Muster. Wir haben bereits über den Mechanismus von Erfolg und Versagen gesprochen. Diese Ausdrücke sind stark von den Grenzen unseres Selbstvertrauens abhängig.

Wenn wir mangelndes Selbstvertrauen haben, dann ist das nicht das Ergebnis von aufgetretenen Schwierigkeiten. Schwierigkeiten entstehen erst durch mangelndes Selbstvertrauen. Zu deiner Unterstützung werden wir zwölf Schritte beschreiben, die bei der Entwicklung von Selbstvertrauen benützt werden können.

1. Wenn eine Seele in eine Inkarnation hier auf der Erde kommt, dann kommt sie für ein glückliches und freudiges Leben des Wachstums und der Evolution. Wenn das stimmt, dann könnte man sagen, dass unser größtes Ziel darin besteht, einfach zu leben und glücklich zu sein! Das bedeutet auch, dass Glücklichsein ein Zustand des Selbstvertrauens ist. Das ist ein großartiges Ziel für dich. Wenn wir akzeptieren können, dass Vertrauen dieser Zustand ist, dann müssen wir notwendigerweise eine Definition von Glücklichsein für uns erschaffen.

Magst du dich?

Bist du mit dir zufrieden, wenn du in den Spiegel blickst?

Bist du zielorientiert und erreichst du deine Ziele?

Tust und gibst du dein Bestes?

Wenn du diese Fragen mit Ja beantworten kannst, dann hast du ein gutes Maß an Selbstvertrauen. Werde allerdings nicht träge, erinnere dich an das Gesetz der ewigen Veränderung. Immer wenn du dich zurücklehnst und sagst „Jetzt hab ich's erledigt", bleibst du zurück, denn die Welt geht immer weiter und entwickelt sich weiter.

2. Du kannst dir Selbstvertrauen nicht aufzwingen. Es wäre schön, wenn du dich hinsetzen und sagen könntest, „ich habe großes Vertrauen in mich" und es dann gleich hast. Erfahre und erlebe zuerst einmal, wer du bist. Was sind deine Schwächen? In welchen Lebensbereichen bist du hervorragend?

Wenn du dir ein Ziel in deinen nicht so hervorragenden Lebensbereichen setzt, dann solltest du dieses Ziel noch einmal untersuchen. Es kann zum Beispiel wie bei jemandem sein, der Chirurg werden will, aber Arthritis in den Händen hat, oder jemand, der Nuklearphysik studieren will, aber schon mit der einfachen Mathematik Probleme hat. Untersuche das angestrebte Projekt und werde dir über dein Maß an Vertrauen bezüglich deiner Fähigkeiten, das Ziel auch zu erreichen, klar. Wenn du nicht die notwendigen Voraussetzungen hast, dann passe dein Ziel und die Pläne dementsprechend an. Wir nehmen uns kaum Zeit, diese Dinge genauer zu analysieren. Wie oft hast du schon genau untersucht, was du erfolgreich schaffen kannst, damit du auch das angemessene Selbstvertrauen hast?

Spirituell gesehen kann das Wissen, dass du ein Kind des Universums bist und deine persönliche Verbindung mit deinem Schöpfer hast, dir am meisten helfen, Selbstvertrauen aufzubauen. Du erlangst dadurch das Wissen und tiefes Verstehen, dass du nicht in allem ein Experte sein musst. Jeder hat seine besondere Seele mit ihren einzigartigen Talenten und Fähigkeiten.

Sehr oft kommen Menschen zu mir und fragen mich, in welchem Bereich sie ihren Dienst ausüben sollen oder mit welcher Aufgabe ihre Seele in dieses Leben gekommen ist. Meine Antwort lautet immer gleich. Eine Seele inkarniert sich normalerweise nicht, um einen ganz spezifischen Dienst auszuüben. Sie ist einfach hier, um mit ihren Energien zu dienen. Die bewusste Persönlichkeit entscheidet sich für einen bewussten Ausdruck des Dienstes. Du bist also frei, das zu tun, was dir Lebensfreude bringt!

Zu welchen Bereichen fühlst du dich hingezogen? Wo fühlst du dich wohl und hast Vertrauen? Wie dienst du Menschen am umfassendsten?

Was wäre, wenn ich dir sagte, dass du hier bist, um Astrologe zu sein, du aber Astrologie nicht magst? Ich würde dann nicht meinen, „Pech gehabt, du musst dich jetzt aber mit Astrologie befassen".

Wir können unsere Fähigkeiten nicht voll nutzen, wenn wir nicht das volle Vertrauen in sie haben, um unser Ziel erfolgreich zu erreichen. Darauf läuft es bei allen Entscheidungen und Handlungen im Leben hinaus.

3. Vertrauen bedeutet positives Denken und positives Handeln. Du musst ein Ziel haben, und dann musst du dir vorstellen, dass du das Ziel bereits erreicht hast. Wir nennen das Visualisierung.

Ein Verkäufer besucht zum Beispiel einen Kunden. Er hat nicht besonders viel Selbstvertrauen, also sitzt er in seinem Auto, schließt die Augen und spielt in seinem Mind eine Szene durch. Er stellt sich vor, wie er ins Haus geht, sein Produkt präsentiert, der Kunde lächelt und den Vertrag unterzeichnet. Jetzt erlaubt er sich, den emotionalen Erfolg zu fühlen noch bevor er den

Kunden überhaupt gesehen hat. Wenn er dann die Augen öffnet, hat er bereits die Emotionen des Erfolgs gefühlt. Seine Einstellung und sein Vertrauen in seine Fähigkeit, erfolgreich zu sein, ist bereits da und seine Geschäfte werden immer besser gelingen.

Wir können diesen Prozess des Visualisierens in jedem Lebensbereich anwenden. Er wird allgemein anerkannt, und viele Sportler verwenden dieses Werkzeug, um ihre Leistungen zu verbessern. Der Schlüssel in diesem Prozess des Visualisierens ist, am Ende die emotionale Erfahrung von Erfolg zu machen. Dies baut dann das Programm des Vertrauens und des emotionalen Erfolges in deinem Leben auf.

4. Jeder ist in Handlungen verwickelt, die in unterschiedlichen Stufen von Erfolgsenergien enden. Wir müssen unseren Mind konditionieren, dass er das so betrachtet und so reagiert, und nicht in Stufen von „Versagen". Wenn du vor einer Situation stehst, die für dich schwierig ist, dann erinnere dich an vergangene Erfolge und aktiviere die guten emotionalen Gefühle von damals. Benütze diese Emotionen, um deinen Ausdruck und dein Vertrauen zu stärken.

Niemand kann von sich behaupten, „Ich habe keine Erfolge im Leben, alles ist immer schiefgegangen". Das kann nicht stimmen. Erfolg ist eine variable Erfahrung, die jeden täglich im Leben berührt.

Wenn wir uns auf unsere Erfolge und nicht auf die „Misserfolge" konzentrieren, dann werden wir immer eine positive Einstellung haben, und der alte Spruch, dass das Glas Wasser immer halb voll und nie halb leer ist, wird in allen Lebensbereichen Anwendung finden.

Erfolg führt zu Erfolg, und die Erinnerung der konditionierten Reaktionen bei vergangenen Erfolgen baut Selbstvertrauen auf.

5. Wenn du einen Wunsch hast, dann führt dich ein wunderbares Gefühl des Enthusiasmus in das Wissen, dass du dieses Ziel erreichen kannst. Aus diesem Grund haben wir vorgeschlagen, sich kurzfristige Ziele zu setzen. Auf diese Weise dienen der Wunsch, die emotionale Reaktion und der Adrenalinfluss als Anreiz und erschaffen das nötige Selbstvertrauen, um das Ziel zu erreichen. Es ist sehr schwierig, wenn man es mit etwas zu tun hat, an das man nicht wirklich glaubt. Viele Menschen auf ihrem spirituellen Weg finden sich in einer unerwarteten Situation. Plötzlich fällt es ihnen schwer, mit ihrer Arbeit zurechtzukommen. Sie finden es schwierig, in den sogenannten Geschäftsenergien zu bleiben. Das sind all diese kleinen Notlügen, der Druck, immer mehr zu verkaufen, auch wenn man nicht an das Produkt glaubt.

Was sollen sie dann tun? Die einzige Antwort, die ich ihnen geben kann, ist, den Job aufzugeben. Warum? Wenn jemand zu der Überzeugung gelangt, dass das, was er anbietet, für ihn nicht mehr stimmt, dann hat er kein Ziel zu erreichen. Mit schwindender Motivation wird der Erfolg auch immer kleiner werden. Die Person hat dann den Wunsch verloren, das Produkt zu verkaufen, und diese Einstellung wird sich auf die Kunden übertragen, was sich wiederum negativ auf den Erfolg auswirkt.

Wenn du keinen Enthusiasmus für ein Ziel und nicht das sogenannte gute Gefühl dabei hast, dann lass es sein. Das Ziel ist dann nicht stimmig für dich, und bei den ersten Hindernissen wirst du aufgeben. Ich habe viele Menschen Vorträge halten sehen. Wenn dann die Zeit für Fragen aus dem Publikum kommt, dann werden manche Redner unsicher und nervös. Das Publikum spürt das und fängt sich an zu fragen, ob er wirklich glaubt, was er erzählt hat. Es ist oft so, dass der Redner nicht genug Selbstvertrauen hat, um sich mit Fragen auseinanderzusetzen, die er nicht vorbereitet hatte. Eine unerwartete Frage erzeugt dann einen kleinen Riss in der Wand. Der Glaube an sich selbst vertraute nicht auf das eigene Wissen.

6. Mache machen Selbstvertrauen zu einer Gewohnheit. Wie bereits erwähnt, gründet sich Vertrauen auf vergangene Erfahrungen, und nichts führt zu mehr Erfolg als Erfolg selbst. Jedes Mal wenn du ein neues Projekt für dich planst, erinnere dich an die Ergebnisse früherer geplanter, durchgeführter und erfolgreicher Projekte. Baue dein Reservoir vergangener Reaktionen aus und sei dir über die Rolle deines Unterbewusstseins klar. Es ist der Speicher für die Aktionen und Reaktionen aller früheren Situationen in deinem Leben.

Wenn jemand vor einer Situation steht, die er aus der Vergangenheit nicht kennt, kann er unsicher reagieren. Er kann Fieber, Migränekopfschmerzen oder Magenkrämpfe bekommen. Das passiert manchen Menschen jedes Mal, wenn ihnen „droht", mit einer neuen Situation umzugehen. Das perfekte Beispiel dafür ist ein Test in der Schule.

Wir alle haben schon einmal gesagt, „Ich habe alles gelernt, aber jedes Mal, wenn ich mich hinsetze und einen Test schreiben soll, dann ist mein Verstand leer und ich habe dieses mulmige Gefühl im Bauch". Hier handelt es sich um mangelndes Vertrauen, sich mit Unbekanntem auseinander zu setzen.

Wenn du dich in solchen Situationen hinsetzt, die Augen schließt und den Stoff vor dem Test noch einmal geistig durchgehst, dann kannst du dir eingestehen, dass du ihn wirklich aufgenommen hast. Wenn dann der Test da ist, kannst du voller Vertrauen lächelnd darauf zugehen. Das ist deshalb so, weil du den Stoff bereits erfahren hast und dir keine Sorgen zu machen brauchst.

7. Aktiviere dein Unterbewusstsein und erfahre das in der Vergangenheit ausgedrückte Vertrauen noch einmal neu. Nimm all deine Erfolge aus dem „Kasten" und beschäftige dich in Gedanken mit positiven Erinnerungen. Alle negativen Erfahrungen aus der Vergangenheit sind bloß Werkzeuge, aus

denen du für die Zukunft lernst. Noch einmal: Es gibt kein Versagen.

Wenn wir das Unterbewusstsein aktivieren, um die erfolgreichen Erfahrungen der Vergangenheit in unser Bewusstsein und unsere Emotionen dringen zu lassen, dann brauchen wir uns nie um mangelndes Selbstvertrauen zu sorgen. Es wird immer da sein, und die neue Einstellung wird lauten, „Ganz gleich, was ich auch in Angriff nehme, ich bin ein Mensch, der alles tun kann, woran er glaubt. Ich habe viel Vertrauen in meine Fähigkeit, es zu schaffen." Ist das nicht besser, als zitternd dazustehen und sich zu fragen, ob man es schafft? Statt dir zu sagen, dass du nicht weißt, ob du es tun kannst, frage dich, wie erfolgreich du in der neuen Erfahrung sein kannst.

Dadurch erschaffst du dir eine positive Konditionierung und bestimmst das Maß an Geschick und Erfolg für den jeweiligen Ausdrucksbereich. Du bestimmst deine Qualifikationen, und aus den vergangenen Ergebnissen weißt du, was du in Zukunft nicht tun sollst. Wenn du zum Opfer mangelnden Selbstvertrauens wirst, erschaffst du dir ein Programm der Selbstvermeidung und mentale Gründe, warum du nichts mit der Situation zu tun haben möchtest.

8. Wenn du ein Programm hast, das dir sagt, dass du noch nie eine Erfolgserfahrung hattest, dann stelle dir vor, wie es wäre, Erfolg zu haben. Mache dir einen richtigen mentalen Spielplatz und genieße das wunderbare Gefühl. Das Unterbewusstsein kennt den Unterschied zwischen einer wirklichen Erfahrung und einer lebhaften Vorstellung nicht. Dieses Werkzeug ist sehr effektiv in folgenden Bereichen, in denen sich Menschen unzulänglich fühlen:

* Voller Ausdruck von Emotionen.
* Beziehung zu Geld.
* Höhere Stellungen in der Arbeit.

* Fähigkeit zu heilen, zu beraten und die spirituelle Wahrheit auszudrücken.

Der Schlüssel besteht darin, Erfolg noch vor der stattfindenden Erfahrung zu erzeugen. Dadurch eliminiert man das Gefühl, es mit etwas Neuem und noch nie Erlebtem zu tun zu haben. Die Situation kommt einem dann wie ein alter Freund vor und nicht wie ein Feind.

9. Wenn du ein Bedürfnis hast, dich zu sorgen, dann mach es zu einem konstruktiven Projekt im Bezug auf ein zukünftiges Ziel. Arbeite langsam und beständig auf das Ziel hin. Wenn du dich immer noch sorgen musst, dann denke darüber nach, wie du mit dem Erfolg umgehst, und nicht mit dem Misserfolg. Ich habe viele Menschen kennengelernt, die sich scheinbar ständig Sorgen machen müssen. Wenn sie kein Problem haben, dann machen sie sich eines. Ich erinnere mich, dass mein Vater morgens beim Frühstück immer sagte, er habe die ganze Nacht kein Auge zugetan. Als Kind fragte ich mich, wie das möglich sein konnte. Schließlich ignorierten alle diese Aussage. Wir lernten, dass es seine Art war, Aufmerksamkeit und Mitgefühl zu bekommen.

Diese Einstellung ist nicht immer negativ. Sorgen erzeugen Stress, und Stress ist - richtig eingesetzt - ein Anreiz. Dadurch kommt der „Saft" ins Fließen, es ist ein Stimulus, weiterzumachen, zu handeln und die Sorgen aus den Emotionen zu entfernen. Sorgen ohne Handlungen münden in Depression und können schließlich dazu führen, dass sich jemand aus dem Leben zurückzieht. Sorgen werden zu Besorgnis, dann Zweifel und schließlich Be- und Verurteilung. Wenn du diese Selbstverurteilungen erzeugst, dann fängst du an, alles zu vermeiden, auch positive Situationen. Sorgen bedeuten nicht notwendigerweise ständige Besorgnis, doch Besorgnis führt zu Zweifel und Selbstverurteilung.

Wenn du mit jemandem Streit hast und dir Sorgen darüber machst, dass eure Freundschaft zerstört sein könnte, dann geh zu dem Menschen und sage: „Ich glaube, dass wir ein Problem haben, das wir besprechen und lösen sollten. Ich möchte nicht, dass es unsere Freundschaft gefährdet." In diesem Fall werden die Sorgen zum Anreiz, die Handlung des Heilens und der positiven Lösung zu setzen.

Warum sorge ich mich ständig?

Sorge ich mich, weil ich kein Selbstvertrauen habe?

Sorge ich mich, weil ich etwas hinauszögern möchte?

Warum kann ich keine Entscheidungen treffen? Wovor fürchte ich mich?

Unentschlossenheit führt dazu, bloß dazusitzen, zu essen, fernzusehen und ständig alles hinauszuschieben, was wachsenden Druck und Spannung im Leben erzeugt.

10. Wenn du negative Gefühle als Herausforderung für dich betrachtest, dann wirst du daran denken, dass dir das Vertrauen die Kraft gibt, dich über alle negativen Gefühle, auch Misserfolg, zu erheben. Es ist möglich, das Versagen als Herausforderung für die Schaffung von Erfolgen zu verwenden.

Hier haben wir es mit einer weiteren Polarität von Energie zu tun, welche durch die Kraft des Minds ausgedrückt und gesteuert wird. Ich meine damit positive und negative Energie. Es ist immer angebracht, die Wörter genau zu betrachten. Gibt es wirklich eine universelle Energie von Negativität? Wie könnte das sein? Die Seele des Schöpfergottes ist die Essenz von Göttlicher Liebe und Gnade. Im reinsten Sinne ist die Energie alles, was im Universum existiert, und mehr nicht.

Hier sind wir also auf der Erde und haben negative Energie. Kannst du dir die Möglichkeit vorstellen, dass wir uns die negative Energie, die wir brauchen, um unsere karmischen

Erfahrungen der Wahlmöglichkeiten zu machen, vom Licht erschaffen? Wie sonst sollten wir Fehler machen können? Wir könnten nie wachsen, wenn alles nur die Wahrheit wäre. Wenn du dies akzeptieren kannst, dann kann sich alles für dich verändern. Dann kannst du die Kontrolle übernehmen und mit deinem Mind auswählen und Energie verstärken, um deine Bedürfnisse zu erfüllen und deine Ziele zu erreichen. Durch die Kraft deines Minds kannst du die Wirklichkeiten deines Lebens erschaffen!

Was ist es, das einen Menschen zum olympischen Champion und einen anderen zum ewig zweiten macht? Der Champion benützt die Möglichkeit des Versagens als Herausforderung oder als zu überwindendes Hindernis. Er weiß, dass er es besser kann und seine Ziele erreichen kann. Er nimmt die sogenannte Negativität und polarisiert sie zur stimulierenden Kraft des Erfolgs.

Jener Mensch, der die negativen Auswirkungen einer Handlung erfährt und sich in Selbstmitleid ergeht, bestätigt sich damit sein mangelndes Vertrauen in seine Fähigkeit, erfolgreich zu sein. Lerne, die Herausforderungen zu lieben und zum Entdecker zu werden, lass Herausforderungen spannend für dich sein. Wenn du die Ergebnisse vergangener Erfolge in deine Herausforderungen einbaust, wird dein Vertrauen kometenhaft ansteigen, und du wirst noch mehr Erfolge haben.

Wenn du dich in einer Situation nicht wohl fühlst, dann nimm die Herausforderung an. Erlaube dir ein gesundes Maß an Besorgnis. Das wird dann der Anreiz für dich sein, dich hinzusetzen, den Prozess nochmals durchzugehen und entweder die Herausforderung anzunehmen oder nach einer Alternative zu suchen. Ein größeres Problem könnte sich einschleichen. Wenn du eine Entscheidung triffst, vergleichst du dich dann mit jemand anderem? Wenn du das tust, dann bist du zum Scheitern verurteilt.

Wir sind alle einzigartig. Es gibt keine zwei genau gleichen Seelen, und schon gar nicht zwei Menschen mit der genau gleichen bewussten und unbewussten Persönlichkeit. Ich glaube, dass wir bei aller Einzigartigkeit alle eine Fähigkeit haben, die wie ein strahlender Stern in unserem Leben leuchtet. Geh in dich hinein, entdecke, was es ist und verwende es, um große Freude und Verdienste in dein Leben zu bringen.

11. Ersetze ein schlechtes Gefühl der Frustration mit einem guten Gefühl des Vertrauens. Mache es zu einer Gewohnheit und erinnere dich an all dein Vertrauen in der Vergangenheit. Das nennen wir das Universelle Gesetz des Erlaubens und Geschehenlassens.

Dieses Gesetz besagt: „Es liegt in der Ordnung, die Existenz aller Dinge und Menschen, so wie sie auftreten, urteilslos zu akzeptieren." Das klingt recht einfach und ist es auch. Das heißt nicht, dass du jeden in deinem Leben akzeptieren oder jede Handlung anderer als deine Wahrheit annehmen musst. Es ist immer richtig, eigene Entscheidungen zu treffen, doch die Entscheidungen und Handlungen anderer nicht zu verurteilen.

Wenn man sich an dieses Gesetz hält, dann gibt es keine Vergleiche, Be- und Verurteilungen und Erwartungen. Jeder wird frei und ist nur für sich verantwortlich. Wenn du faul sein willst und nichts tun möchtest, dann genieße es. Wenn du morgens dein Bett nicht machen möchtest, dann tu es einfach nicht. Kannst du dir vorstellen, dass dies dein Selbstvertrauen aufbaut? Ja, das tut es, denn du übernimmst damit die Verantwortung für dich. Du brauchst das, was du tust oder nicht tust, nicht zu verteidigen. Du bist für dich und alle deine Entscheidungen in deinem Leben verantwortlich.

Ich weiß, das diese Worte wie ein wunderbarer Traum klingen, und das sind sie auch. Die Gefahr entwickelt sich, wenn es zu einem Vermeiden des Lebens kommt, wenn man sich immer nur Gutes tut. Wir können uns dann leicht ständig im Kreis drehen.

„Ich habe dieses große Problem, ich glaub ich leg mich erst mal hin." „Ich fühle mich plötzlich so müde, als ob ich keine Energie hätte." Welch gute Art, das Leben zu vermeiden und in die Welt des Nichts zu gehen.

12. Unsere letzte Regel beschäftigt sich mit dem, was wir uns wiederholt antun. Mental hören wir uns immer wieder diese alte Platte von Frustration und Unglücklichsein an. Nun müssen wir uns ein neues Programm von Vertrauen und Glücklichsein aufbauen. Wie? Glaube aktiv an dich und nicht im passiven Wunsch der Illusion.

Viele spirituelle Menschen vergraben sich in alte karmische Situationen oder Erfahrungen ihrer Seele aus vergangenen Leben. Sie übernehmen Zustände, die frühere Persönlichkeiten ihrer Seele in vergangenen Leben negativ erfahren haben. Sie laufen dann in diesem Leben herum und sagen: „Ich bin hier, um in diesem Leben dafür bestraft zu werden." Sie spielen immer wieder die alte Platte von Unglücklichsein und Versagen. Dies wird dann zu ihrem Erfolg und zur Bestätigung ihres Unwertseins im Leben.

Die meisten Menschen waren in ihrer Kindheit einer Form von gestörtem Verhalten ausgesetzt, wobei es sich meistens um eine Form von physischem, mentalem oder emotionalem Missbrauch handelt. Manche wiederholen ständig die alte Platte von Unglücklichsein und Negativität. Sie können sie nicht loslassen, oder sie müssen das Leiden aktiv und als Werkzeug in ihrem Leben aufrecht erhalten. Die alte Platte verstärkt das mangelnde Selbstvertrauen.

Wieder muss ich das Gesetz des Erlaubens wiederholen. Du musst anerkennen, was dir passiert ist. Du musst vergangene Handlungen des Misserfolgs anerkennen. Sie passierten und waren wirkliche Ereignisse in deinem Leben. Was passierte dir?

Du wurdest missbraucht.

Du wurdest ignoriert.

Du wurdest geschlagen.

Du wurdest vergewaltigt.

Diese Dinge sind geschehen! Erkenne in deinem Bewusstsein an, dass sie passierten. Dies ist die einzige Art, wie du die Energie der Macht und Kontrolle entfernen kannst. Du kannst die Handlung nicht ersetzen, doch du kannst die Reaktion mit einer Neuprogrammierung durch die Kraft deines Minds ersetzen.

Durch das Erlauben und Akzeptieren aller Dinge, die in deinem Leben jetzt und für die Zukunft eine Rolle spielen, kannst du ein neues positives Bewusstsein erschaffen. Du kannst dir sagen: „Weil ich anerkannt habe, dass diese Dinge passiert sind und erlaubt habe, dass sie passierten, kann ich meine Verurteilungen und meine Wut loslassen. Ich kann sagen, dass ich diese Dinge in meinem Leben nicht mehr brauche. Ich ersetze alle alten Platten mit ihren Polaritäten, welche mein Leben mit Glücklichsein, Vertrauen und Erfolg erfüllen."

Vor einigen Jahren kam ein junges Paar zu mir, die beide von ihren Eltern verbal missbraucht worden waren. Es war ihnen ständig wiederholt worden, wie unwert und nutzlos sie seien. Sie lernten sich kennen, entdeckten ihr gemeinsames Lebensmuster und kamen zu dem Schluss, dass sie sich im Leben gegenseitig helfen konnten.

Die Frau wurde unbeabsichtigt schwanger, denn die beiden hatten aufgrund ihrer Erlebnisse keine Kinder gewollt. Das Kind, ein Mädchen, wuchs infolgedessen mit vielen Problemen auf. Sie lernte nie Disziplin kennen und war ohne Richtung. Die Eltern konnten nicht mal Nein zu dem Kind sagen, weil sie immer an ihre eigenen Erlebnisse denken mussten. Wenn sie manchmal aus Frustration wütend auf das Kind wurden, weinten sie, umarmten das Kind und entschuldigten sich. Ihr eigener

Missbrauch lebte wieder auf und sie fühlten sich ein zweites Mal missbraucht. Das Kind fing dann an, die Eltern zu kontrollieren und spielte sie zu seinem Nutzen gegeneinander aus. Sie konnten ihren eigenen alten Platten nicht widerstehen und sie nicht überwinden.

Wenn du dein spirituelles Wachstum als Teil deiner Zukunft einsetzen möchtest, dann ist es sehr wichtig für dich, Selbstvertrauen zu haben. Dieses Vertrauen betrifft dich als Kind des Lichts, eine Person, die Gott in sich selbst akzeptiert und erfährt. Wenn du dem Feuer deiner Seele erlaubst, dein Herz zu wärmen, wirst du keine Ängste haben.

Im Laufe deines Wachstums wirst du Situationen der „Prüfung" durchmachen, die dir Hindernisse in den Weg stellen, die es zu überwinden gilt. Dadurch wirst du deine Wahrheit in vielen Ausdrucksbereichen bestimmen. Dein Weg des Wachstums wird nie vollkommen glatt sein, denn der Unterscheidungsprozess endet nie. Es ist ein zeitloser Prozess der Entwicklung.

Jedes Mal, wenn du es mit einer neuen Situation zu tun hast, musst du ein Wagnis eingehen, und wenn du nicht genug Selbstvertrauen hast, dann wirst du von deinem Weg abweichen. Fünf von zehn Menschen, die ihren Weg des spirituellen Wachstums beginnen, fallen ab, wenn sie den Punkt erreichen, da sie ihr Selbstvertrauen untersuchen. Wenn das Vertrauen nicht da ist, übernimmt die Angst, und die alten Gedanken kehren in den Mind zurück.

Wenn du ein Heiler sein möchtest, dann kannst du nicht mit einem Klienten sein und „hoffen, dass es funktioniert". Du musst dich an deine Erfolge erinnern. Du musst Glauben und Vertrauen in deine Fähigkeit der Energieübertragung haben. Wenn du die alte Platte von Frustration und Versagen spielst, wirst du nichts erreichen.

Die Schwingungen von Emotion und spirituellen Energien sind Polaritäten, die sich miteinander vermischen. Wenn du an dir zweifelst, dann bist du emotional durcheinander und kannst nicht Heilungsenergien durch deinen Körper channeln. Das Vertrauen in dich als Kind des Lichts bringt Frieden in dein Herz und deinen Ausdruck als Heiler.

Totales Vertrauen kann nicht an einem Tag erreicht werden. Es braucht seine Zeit. Du musst auf den Erfolgen und den positiven Ergebnissen deiner Bemühungen aufbauen.

Im Laufe der Jahre habe ich viele hundert Heilungen durchgeführt. Nicht bei jeder kam es zu einem Prozess des Kurierens. Das heißt aber nicht, dass ich Zweifel über meine Gültigkeit als Heiler entwickle. Ich erinnere mich immer an die Menschen, die mir nach einer Heilung mit einem Lächeln und strahlenden Augen dankten.

Ich vergesse auch jene nicht, die mit Krankheit bleiben, doch ich verstehe, dass, solange ich mein Bestes tue, das alles ist, was von mir verlangt wird. Ich kann mir folgendes eingestehen: „Ich bin vielleicht nicht der beste Heiler der Welt. Nicht jeder, der zu mir kommt, wird kuriert werden, doch ich muss weiterhin all jene berühren und heilen, die mit einem Lächeln ihres Herzen reagieren."

Das Universum hat uns eine Menge Werkzeuge gegeben, um sie zu benützen. Denke daran, und sei dir dessen bewusst. Dein Leben ist jetzt und in deiner erwarteten Zukunft. Die alten Platten und alten Handlungen sind Teil der Vergangenheit. Wir können das Wissen der alten Handlungen verwenden, um Vertrauen für die Zukunft aufzubauen und uns nicht wie mit einer schweren Kette um den Hals hinunterziehen zu lassen.

Betrachte alles, schau es durch und sortiere aus. Schau was nicht positiv für dich ist, erfahre es und wachse aus den Ergebnissen, die du für dich geschaffen hast. Aus den Resten der negativen oder schlechten Erfahrungen kannst du das Vertrauen für das Jetzt und das Morgen aufbauen. Jetzt ist die Zeit, das zu tun.

Das Erreichen deines Ziels, Selbstvertrauen zu haben, ist eng mit einer anderen Polarität von Energie verbunden, und zwar dem Ausdruck von Glücklich- und Unglücklichsein. Ich kann dir keine Definitionen dafür bieten, da es für jeden unterschiedlich ist, je nach dem Ausdruck der Lebensgeschichte. Für beides habe ich allerdings Beispiele zusammengefasst. Wo lebst du, und wohin möchtest du dich bewegen?

Glücklichsein

Glücklichsein ist die Suche nach Selbsterfüllung.

Glücklichsein ist ein Zustand, in dem man fast immer angenehme Gedanken hat.

Glücklichsein ist ein Ziel für sich. Ein Seinszustand.

Glücklichsein bedeutet, Ziele mit Mut und Verständnis anzustreben.

Glücklichsein bedeutet, dass du Mitgefühl hast und durch deine Fehler hindurchlebst.

Glücklichsein bedeutet, sich niemals von der Ausweitung des Lebens zurückzuziehen.

Glücklichsein bedeutet spirituelle und emotionale Freiheit.

Glücklichsein ist eine ansteckende Krankheit.

Unglücklichsein

Unglücklichsein erzeugt Einsamkeit.

Unglücklichsein bedeutet den Verlust deiner wahren Identität.

Unglücklichsein erzeugt Begrenzungen und Trennung von sich selbst.

Unglücklichsein bedeutet, auf Stress überzureagieren

Unglücklichsein bedeutet, negative Gedanken in deinem Mind zu akzeptieren.

Unglücklichsein bedeutet, Lügen niemals zu konfrontieren.

Unglücklichsein bedeutet, immer „der Gute" zu sein.

Niemand kann dich ohne deine Zustimmung unglücklich machen. Wenn du das erkennst, dann kannst du das Negative in das polare Positive umkehren. Glücklichsein ist eine sehr ansteckende Krankheit. Setze dich ihr vertrauensvoll aus.

Wir sind in ein neues Jahrtausend eingetreten. Jetzt können wir nicht mehr die Verantwortung für unsere Handlungen, Gedanken und Entscheidungen anderen überlassen. Die Meister und Gurus haben im Fische Zeitalter ihre Funktion erfüllt. Wir sind in eine Zeit der Selbstmeisterschaft und der persönlichen Freiheit eingetreten. Wer außer dir kennt deine wahren Wirklichkeiten? Niemand. Andere sehen dich in ihrem eigenen Spiegel und haben ihre Erwartungen an dich. Dadurch schaffen sie sich ihre Sicherheit dir gegenüber, und das ist nicht immer in deinem besten Interesse.

Du bist der Ausdruck deines Mind. Je mehr du das erkennst, und je mehr du dein Leben mit dieser Einstellung lebst, desto größer wird dein innerer und äußerer Gewinn sein.

Ich bin der bewusste Ausdruck meiner Seele! Du bist der bewusste Ausdruck deiner Seele! Dein bester Freund, dein Verbündeter, dein Lehrer.

Deine Verbindung mit dem Schöpfergott. Sei, wer du bist, und nicht das, was jemand anderer möchte, dass du bist.

Lebe ein Leben der FREUDE!

Erkenntnisse
aus Atlantis
Wandlung durch neue Energie-muster - Kristallheilung
von Frank Alper, 136 S.
ISBN 3-926388-19-6
14,5 x 21 cm, Euro 18,400

Das universelle Gesetz
für das Wassermann-Zeitalter
von Frank Alper, 136 S.
ISBN 3-926388-21-8
14,5 x 21 cm, Euro 12,650

Schlüssel zum
göttlichen Selbst
Der aufgestiegene Meister in Dir
von Joanna Cherry, 208 S.
ISBN 3-926388-45-5
14,8 x 21 cm, Euro 15,25

Karma Auflösen
von Joanna Cherry, 253 S.
ISBN 3-926388-47-1
14,8 x 21 cm, Euro 15,24

Das Lebenselixier
von Edward Bulwer-Lytton
metaphysischer Roman,
432 Seiten, gebunden
ISBN 3-926388-50-1
14,5 x 21 cm, Euro 15,24

Horusauge
von Eva Hauser
360 Seiten, 15,2 x 20,6 cm
ISBN 3-926388-33-1
Gebunden, Euro 18,40

Besucher von Innen
von Lissa Royal & Keith Priest
195 Seiten, broschiert
ISBN 3-926388-26-9
15 x 22 cm, Euro 16,36

Sternensaat
Das galaktische Erbe der Menschheit
von Lissa Royal & Keith Priest
115 S., ISBN 3-926388-27-7
14,8 x 21 cm, Euro 13,30

Babadschi -
Botschaft vom Himalaya
von Maria Gabriele Wosien
erweiterte 5. Auflage, 135 S.
ISBN 3-926388-00-5
11,5x18,5cm, Euro 10,10

Leben aus dem Sein
Ein Buch über Babaji
von Radhe Shyam, 368 S.
ISBN 3-926388-17-X
14,5 x 21 cm, Euro 16,35

Babaji -
Pforte zum Licht
Ein Erlebnisbericht
von G. Reichel, 168 S.
ISBN 3-926388-12-9
14,5 x 21 cm, Euro 10,10

BABAJI spricht:
Prophezeiungen und Lehren
von G. Reichel (Hrsg.)
190 Seiten, broschiert
ISBN 3-926388-03-X
11,5x18,5cm Euro 8,60

Ich bin Du - Babaji
Botschaften des Meisters vom Himalaya
Maria Gabriele Wosien (Hrsg.),
118 S., ISBN 3-926388-23-4
11,5x18,5cm, Euro 8,60

Unergründlich tief
wie das Meer
Babaji - 108 Begegnungen
G. Reichel (Hrsg.), 130 S.
ISBN 3-926388-22-6
11,5x18,5cm Euro 9,20

G. Reichel Verlag, Reifenberg 85, D-91365 Weilersbach, Tel. 09194-8900, Fax 09194-4262
Internet: www.reichel-verlag.de - **e-mail:** info@reichel-verlag.de

Der geistige Weg zum Überleben
von Brunhild Börner-Kray
368 S., broschiert
ISBN 3-926388-68-4
11,5x18 cm € 18,00

Heilbuch der Schamanen
von Felix R. Paturi
Mit Trommel-CD
272 S., 34 Farbbilder, geb.
ISBN 3-926388-72-2 € 29,90

Tierisch gute Gespräche
von Amelia Kinkade
304 Seiten, gebunden
ISBN 3-926388-57-9
15,4 x 21,5 cm € 18,41

Hörbuch auf CD
Tierisch gute Gespräche
Mit Tieren sprechen lernen
von Amelia Kinkade
ISBN 3-926388-74-9 € 18,00

Gespräche mit Tieren
Praxisbuch Tierkommunikation
von Penelope Smith
200 Seiten, gebunden
ISBN 3-926388-69-2
15 x 21 cm € 18,50

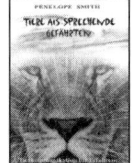

Tiere als sprechende Gefährten
Tierkommunikation für Erwachsene
von Penelope Smith
344 Seiten, gebunden
ISBN 3-926388-70-6
15 x 21 cm € 18,50

Tiergeflüster
Tierbewusstsein im Netzwerk des Lebens
von Dawn Baumann Brunke
308 Seiten, broschiert
ISBN 3-926388-67-6 € 18,50

Seelenbilder unserer Tiere
Anleitung zum Deuten der Aura
von Gudrun Weerasinghe
144 Seiten, gebunden
ISBN 3-926388-66-8 € 13,50

Lautlose Sprache
Intuitive Kommunikation mit Tieren und Natur
von Marta Williams
306 Seiten, gebunden
ISBN 3-926388-73-0 € 18,50

Neue Therapien
mit Bachblüten, ätherischen Ölen, Edelsteinen, Farben, Klängen, Metallen
von D. Krämer und H. Heimann
144 Seiten, gebunden
ISBN 3-926388-65-x € 14,00

Kontakte mit Körperzellen
von Dorothea Geradis-Emisch
94 Seiten, gebunden
ISBN 3-926388-62-5 € 13,30

Schutz vor Erdstrahlen und Elektrosmog
Erd-Akupunktur – RAC Technik
von Dorothea Geradis-Emisch
144 Seiten, gebunden
ISBN 3-926388-71-4 € 13,30

Der Kurs zum Selbst
In Wahrheit und Liebe von Babaji
von Roger C. Lanphear
164 Seiten, broschiert
ISBN 3-926388-35-8 € 13,30

Auf der Suche nach Wahrheit und Liebe
von Gora Devi
108 Seiten, gebunden
ISBN 3-926388-55-2 € 11,00

G. Reichel Verlag, Reifenberg 85, D-91365 Weilersbach, Tel. 09194-8900, Fax 09194-4262
Internet: www.reichel-verlag.de - **e-mail:** info@reichel-verlag.de